电竞产业研究报告
（2020—2021）

主编　许　鑫　赵路平
主审　冯学钢　杨　剑

上海交通大学出版社
SHANGHAI JIAO TONG UNIVERSITY PRESS

内容提要

本报告依托上海目前唯一直接聚焦电竞产业的上海高校智库平台，以全方位梳理和解决上海电竞产业发展中的关键问题、优化上海电竞产业生态为核心目标，将宏观视角下的电竞产业研究与微观的电竞市场主体分析相结合，针对当下电竞产业发展中存在的短板和暴露出的问题进行了深度调研，对大数据、人工智能、虚拟现实等技术在电竞领域中的应用以及电子体育未来形态进行了初步探索，就优化上海电竞产业链和生态圈提出针对性建议，具有较高的实践参考价值。

本书可作为高等院校电竞专业教学参考教材，也可作为电竞企业相关人员培训参考材料。

图书在版编目(CIP)数据

电竞产业研究报告. 2020－2021／许鑫,赵路平主编
. —上海：上海交通大学出版社，2022.11
ISBN 978－7－313－27345－1

Ⅰ. ①电… Ⅱ. ①许… ②赵… Ⅲ. ①电子游戏－运动竞赛－体育产业－产业发展－研究报告－中国－2020－2021 Ⅳ. ①G898.3

中国版本图书馆 CIP 数据核字（2022）第 156793 号

电竞产业研究报告(2020—2021)
DIANJING CHANYE YANJIU BAOGAO (2020—2021)

主　　编：	许　鑫　赵路平		
出版发行：	上海交通大学出版社	地　　址：	上海市番禺路 951 号
邮政编码：	200030	电　　话：	021－64071208
印　　制：	苏州市古得堡数码印刷有限公司	经　　销：	全国新华书店
开　　本：	710 mm×1000 mm　1/16	印　　张：	14
字　　数：	199 千字		
版　　次：	2022 年 11 月第 1 版	印　　次：	2022 年 11 月第 1 次印刷
书　　号：	ISBN 978－7－313－27345－1		
定　　价：	68.00 元		

前　言

　　电子竞技运动是以电子竞技游戏为基础,以信息技术为核心,以软硬件设备为器械,在信息技术营造的虚拟环境中,在统一的竞赛规则保障下,公平进行的对抗性电子竞技游戏比赛。电子竞技正在成为一项全新的体育运动,电子竞技作为体育概念的延伸在国内外正处于蓬勃发展的阶段。与传统体育相比,电子竞技因其娱乐性、互动性,不仅越来越受到国际体育界的青睐,更推动了人工智能等未来科技的发展,是重要的文化科技产业。

　　2017年12月,上海市政府发布了《上海市"十三五"时期文化改革发展规划》,强调了要将上海打造为"电竞之都"的战略构想;2019年4月,上海又出台促进电子竞技产业健康发展的20条意见,提出力争在3至5年内将上海全面建成"全球电竞之都"。在这样的背景下,电子竞技产业与电子竞技教育的发展迎来了前所未有的历史性机遇。

　　尽管上海凭借其条件优势能够成为"电竞之都",但国内的电子竞技运动产业与发达国家相比仍处在初级阶段,学界的脚步相较业界也有些缓慢。因此,关注电竞产业链,关注电竞市场主体,关注电竞文化,关注电竞行业从业者和消费者等,立足于推动电竞产业高质量发展而开展研究具有重要意义。为了深入研究当前我国电子竞技产业发展面临的各类问题，更好地服务上海"全球电竞之都"建设，华东师范大学整合校内外优质资源成立了专业的智库机构，并于2019年获批上海高校智库。该智库的研究着眼两条主线，一是关注整个电竞产业链，研究产业生态，研究新消费人群，探索我国电竞产业高质量发展路径；二是关注电竞产业人才培养，关注电竞青少年选手健康成长，探索新形势下、新场景下的各类教育问题。

为深入研究电子竞技产业及其面临的各类问题，引领电竞产业可持续健康发展，华东师范大学电竞产业发展研究中心面向校内外发布了2020年度及2021年度电竞产业发展研究专项课题。两年度课题组主要将宏观产业分析与微观主体分析深度结合，关注产业和产业中的人，多视角、多层面地从产业链、从业者、消费者、产业生态、科技文化等方面开展研究，重点关注青少年群体，关注新技术环境下的新消费。课题组成员有来自华东师范大学、复旦大学、中山大学、上海师范大学、上海体育学院、南京农业大学等高校的学者，还有上海市静安区彭浦新村街道社区卫生服务中心、上海市青浦区精神卫生中心等机构的专家，通过开展合作研究，搭建合作平台，形成合作网络，研究面逐步覆盖全国。

本研究报告具体篇章结构如下：

第1章介绍了什么是电子竞技，进一步聚焦于全球及中国的电竞产业的发展历程，通过分别对全球以及国内电子竞技产业发展的细致调研，按照"区域-全球"的地理尺度分别对电竞产业的发展脉络展开讨论，旨在探寻电竞产业在不同视域下的发展阶段。

第2章聚焦上海电竞产业，分别从上海电竞产业发展历程、上海电竞产业现状、上海电竞产业基本面分析、上海电竞产业链特征定位等方面入手，结合不同尺度下的政策要素和产业宏、微观环境的现状展开研究。

第3章采用专家打分法、层次分析法和灰色统计法构建了一个包含5大系统、13个要素和25个指标的国际电竞人才高地评价指标体系，以对上海的国际电竞人才高地建设情况进行横向比较和历史评价,并发现上海在建设"全球电竞之都"过程中的人才问题。

第4章通过文献综述和专家咨询等方法系统全面地对电竞选手职业健康风险因素进行分析和论证,并通过健康体检、问卷调查了解上海市电竞选手的健康现状和健康需求,从而形成电竞选手职业健康管理的策略建议。

第5章通过对上海市电竞产业的青少年群众基础进行用户的基本情况、行为与表现、对电竞的认知与态度、身心健康状况与电竞反馈等初步调查,进而结合调查的四个方面研究调研结果,给出相应电竞产教融合的建议。

第6章对电竞爱好者、电竞职业选手、电竞相关从业者、电子游戏爱好者等成员进行调研,采用文献分析法、定量与定性研究相结合的研究方法对问卷调查所获得的资料进行分析与解读,进一步探寻电竞文化对于青少年价值观的影响,并提出相关的建议。

第7章关注于上海电竞产业目前所面临的发展难题。由于电子竞技相较于传统体育而言具有一定的特殊性,电竞产业仍面临着诸多不利的因素。对此基于前文及相关文献的调研理解,有针对性地提出了相关问题的一些解决思路和方案,旨在促进上海电竞产业良好健康的发展。

第8章通过梳理上海建设"全球电竞之都"和"具有全球影响力的科技创新中心"等相关政策,研判上海在促进科技创新与电竞产业协同发展的现状和问题,探索匹配上海城市定位和发展阶段的科创驱动电竞产业发展与治理的方案和配套制度,并提出具体对策和政策建议。

第9章从电竞产业相关技术发展、电竞产业大数据分析、电竞场馆智慧化改造、人工智能与电子体育未来形态四个方面展开,论述了技术进步与电竞未来的发展,对电竞研究提出新的角度与思考。

本报告由许鑫、赵路平主编,冯学钢、杨剑主审,参与编写人员还包括邓香莲、何金廖、贾利军、刘新静、彭德荣、王睿、肖鹏、张海娜(按音序排列），赵雯慧、汪晓芸协助统稿。在本报告付梓之时，谨向大力提供支持的各位同仁致以最诚挚的谢意，包括但不限于上海交通大学出版社的倪华老师和张勇老师。

本报告的研究工作和编写工作前后经历了两年多的时间，电子竞技行业发展却是日新月异。因此在本报告正式出版的时候可能有些内容已不能准确反映电竞产业中的当下情况，这也是无法避免的问题，只希望能够对广大读者和同行起到抛砖引玉的作用。

编　者

2022 年 5 月

目　录

绪论 / 001

0.1　电子竞技概念的内涵与外延 / 002

　　0.1.1　定义 / 002

　　0.1.2　内涵 / 003

　　0.1.3　外延 / 004

0.2　电竞产业环境与产业链 / 005

　　0.2.1　电竞产业环境 / 005

　　0.2.2　电竞产业链 / 005

0.3　电竞产业发展影响因素 / 007

　　0.3.1　内在因素 / 007

　　0.3.2　外在因素 / 008

0.4　电竞教育培训与产教融合 / 009

0.5　总结与展望 / 011

　　0.5.1　观点总结 / 011

　　0.5.2　研究展望 / 012

第1章 电竞产业发展概况 / 013

1.1 电竞产业 / 013

1.2 全球电竞产业 / 014

1.2.1 全球电竞产业发展历程 / 014

1.2.2 全球电竞产业发展特征 / 015

1.2.3 全球电竞产业发展格局 / 019

1.3 中国电竞产业 / 020

1.3.1 中国电竞产业发展历程 / 020

1.3.2 中国电竞市场发展特征 / 023

1.3.3 中国电竞产业政策落实成效 / 028

1.4 电竞产业中的人 / 028

第2章 上海电竞产业发展 / 030

2.1 上海电竞发展历程 / 030

2.2 上海电竞产业整体现状 / 031

2.2.1 上海电竞产业市场规模 / 031

2.2.2 上海电竞产业政策落地成效 / 032

2.3 上海电竞产业基本面分析 / 033

2.3.1 上海电子竞技企业空间分布 / 033

2.3.2 上海电子竞技企业产业聚集方向 / 033

2.3.3 上海电子竞技企业产业集聚影响因素 / 035

2.4 上海电竞产业链特征定位 / 038

2.4.1 上海电竞产业链发展特征 / 038

2.4.2 上海在全球电竞产业链中的地位与竞争优势 / 045

2.4.3 上海在国内电竞产业链中的地位和竞争优势 / 049

第3章 上海电竞人才高地建设 / 053

3.1 人才高地及其评价指标体系框架 / 053

3.1.1 人才高地研究综述 / 053

3.1.2 上海国际电竞人才高地评价指标体系框架 / 059

3.2 上海电竞人才高地评价指标体系 / 059

3.2.1 上海国际电竞人才高地评价指标体系确定的原则和方法 / 059

3.2.2 上海国际电竞人才高地评价指标体系的初步选取与修正筛选 / 060

3.2.3 上海国际电竞人才高地指标体系的最终确定 / 070

3.3 上海电竞人才高地指标体系应用 / 071

第 4 章 电竞选手健康风险评估与管理 / 075

4.1 研究背景及思路 / 075

4.2 电竞选手健康问题与健康管理研究文献 / 077

4.2.1 电竞选手健康风险因素的研究现状 / 077

4.2.2 电竞选手健康管理策略系统研究的不足 / 079

4.3 电竞选手体检研究 / 081

4.3.1 电竞选手体检结果 / 082

4.3.2 电竞选手体检结果分析 / 089

4.4 电竞选手健康状况问卷调查 / 095

4.4.1 健康测量量表 SF-36 / 096

4.4.2 电竞选手健康状况问卷调查调研结果 / 097

4.4.3 电子竞技对身心的负面影响 / 099

4.5 电竞选手健康管理建议 / 101

第 5 章 上海青少年群体电竞参与行为 / 104

5.1 问卷设计与发放 / 104

5.2 典型区域问卷调查分析 / 104

5.2.1 调研对象基本情况 / 104

5.2.2 调研对象的行为与表现 / 106

5.2.3 调研对象对电竞的认知与态度 / 109

5.2.4 调研对象身心健康状况与电竞反馈 / 110

5.3　其他地区问卷调查分析 / 111

5.4　上海电竞产教融合建议 / 114

第6章　电竞文化对青少年价值观的影响与应对策略 / 117

6.1　研究对象及研究方法 / 117

6.1.1　研究对象 / 117

6.1.2　研究方法 / 118

6.1.3　样本及其代表性的说明 / 119

6.2　电竞文化对青少年的社会影响力 / 122

6.2.1　我国电竞文化的社会影响力 / 122

6.2.2　青少年对电竞的认知情况 / 125

6.3　电竞文化对青少年价值观的影响分析 / 130

6.3.1　青少年在电竞游戏与赛事中的总体形象呈现 / 130

6.3.2　电竞文化对青少年价值观的有利影响 / 138

6.3.3　电竞文化对于青少年价值观的不利影响 / 143

6.4　加强电竞文化正面引导 / 148

6.4.1　明确区分普通游戏与电竞 / 149

6.4.2　树立电竞明星激励作用 / 151

6.4.3　引导粉丝群体可持续发展 / 152

6.4.4　构建多主体监督和引导体系 / 154

6.4.5　推动家庭、学校、社区、社会的多方联动 / 156

第7章　上海电竞产业存在问题与对策建议 / 160

7.1　上海电竞产业存在的问题 / 160

7.1.1　民众对电子竞技存在偏见 / 160

7.1.2　电竞人才培养体系不健全 / 161

7.1.3　政策和行业规范缺失 / 161

7.1.4　电子竞技衍生产业发展 / 162

7.2　上海电竞产业发展的建议 / 162

7.2.1　培养社会对电子竞技的正确认识 / 162

7.2.2　以职业化为目标培养电竞人才 / 163

7.2.3　政府正确引导与积极支持 / 167

7.2.4　探索电子竞技商业价值 / 169

第8章　科创驱动下上海电竞产业的发展困境与对策 / 171

8.1　科创驱动下上海电竞产业发展困境 / 171

8.1.1　电竞产业的内容困境 / 172

8.1.2　电竞产业的技术困境 / 173

8.1.3　电竞产业的硬件困境 / 173

8.1.4　电竞产业的社会困境 / 174

8.1.5　电竞产业的文化困境 / 175

8.1.6　电竞产业的体验困境 / 175

8.1.7　电竞产业的法律困境 / 176

8.2　科技创新驱动上海电竞产业发展与治理对策 / 177

8.2.1　立足人民城市建设，服务人民美好生活 / 177

8.2.2　优化电竞产业体制，纾解管理分权冲突 / 178

8.2.3　丰富电竞内涵支撑，形成产业向善自觉 / 178

8.2.4　打造产业时代特点，扩大电竞全球影响 / 179

8.2.5　关注数字弱势群体，扩大电竞市场受众 / 180

8.2.6　加强电竞科技研发，减少应用场景短板 / 181

8.2.7　扩大数字科技应用，提升电竞用户黏性 / 182

8.2.8　健全电竞法律规制，降低文化传播风险 / 183

第9章　技术进步与电竞产业未来发展 / 184

9.1　电竞产业相关技术发展 / 184

9.2　电竞产业大数据分析 / 185

9.3　人工智能与电子体育未来形态 / 186

第 10 章 结束语 / 187

附录 / 189

　　附录 1　相关电竞专家、电竞俱乐部经理、电竞选手访谈提纲 / 189

　　附录 2　国际电竞人才高地初始评价指标体系专家咨询表 / 191

　　附录 3　电竞文化对青少年价值观影响问卷调查 / 199

参考文献 / 205

绪 论

　　电子竞技在世界范围内正以惊人的速度发展。2021年底全球电竞行业收入将近11亿美元,年同比增速为14.5%,中国已成为全球最大的电竞市场。据统计,2021年中国电竞市场总收入为1 401.81亿元,比2020年增加了36.24亿元,同比增长2.65%,用户规模达4.89亿人。全球各类组织认识到了电子竞技在不断变化的体育世界中对年轻一代的广泛吸引力,积极抓住机会,拥抱变革。2020年12月16日,第38届亚洲奥林匹克理事会全体会议批准电子竞技成为2022年杭州亚运会正式项目。2021年3月20日,游戏《王者荣耀》正式携手第14届全国运动会,共同朝着"全民全运、同心同行"的目标持续前进。同年,国际奥委会成功举办了首届奥林匹克虚拟系列赛。2022年4月28日,国际奥委会宣布正与新加坡奥委会商讨在2023年初举办首届奥林匹克虚拟体育节的可能性。可以看到,在新时期大环境发展的前提下,从全运会到亚运会,传统体育和电子竞技的合作在不断深入,彰显了各界对电子竞技的认可以及对其前景的期盼。疫情常态化下,虚拟与现实融合的可能性不断提升,给予了电子竞技更多的机会,电子竞技即将迎来真正的蜕变。2021年,我国在《"十四五"文化产业发展规划》中首次提及电子竞技,这不仅意味着电竞行业逐步得到社会认可,也表明人民群众对电竞行业规范化发展有了更高要求。然而,我国的电子竞技运动产业与发达国家相比仍处在初级阶段,同时相较电子竞技产业的蓬勃发展,国内外电子竞技基础理论研究相对落后,学界的脚步相较业界仍有些缓慢。共同探讨"百家之言"，为身处电子竞技"红利时代"的学界提供一定的方向和思路，为业界提供一定的指导，是每一个电竞人当下和未来的责任。

0.1　电子竞技概念的内涵与外延

0.1.1　定义

长期以来，对于"电子竞技"都没有明确而严格的定义。从国际学者的研究看，"电子竞技内涵的辨析之所以比较困难，就在于其是融合了电子游戏、体育元素、商业运营以及现代传媒的一种社会新现象。"还有学者对其的定义是"一种通常被包括（职业和业余）的竞技性电子游戏，其内部通过不同的联盟、排名以及锦标赛来进行协调，而电竞玩家在其中通常属于各种商业组织赞助的团队或者其他'体育类'的组织"。国内学者认为，"电子竞技"一词最准确、最权威的提法是我国国家体育总局在 2003 年 11 月将电子竞技正式批准为第 99 个正式体育竞赛项目，这是"电子竞技"第一次被官方提出并获得了业内的广泛认可和使用。2004 年 1 月在北京举办的"中国电子竞技高峰论坛"上，中华全国体育总会电子竞技运动理论课题组正式提出电竞运动的定义，即电子竞技运动就是利用高科技软、硬件设备作为运动器械进行的、人与人之间的智力对抗运动。通过电子竞技运动，可以锻炼和提高参与者的思维能力、反应能力、心眼四肢协调能力和意志力，培养团队精神。还有学者认为，电子竞技运动是以信息产品为运动器械的人与人之间的竞赛，它是在体育规则范式下进行的、旨在提高选手身心素质水平的体育活动。除此之外，国内学界还给予过"电子竞技"以下定义，如电子竞技运动是利用高科技软、硬件信息设备作为运动器械而进行的人与人之间智力的对抗运动；电子竞技运动是以数字电子产品为运动器械，在一个特定的虚拟环境中完成的人与人之间的体、智力对抗运动；电子竞技运动是人（队）与人（队）之间运用计算机（含软件和硬件设备），通过网络（局域网）所营造的虚拟平台，按照统一的竞赛规则而进行竞赛的体育活动。从上述的众多表述中，也许可以提炼出电子竞技定义的基本要素：以电子游戏为基础、以电子设备为载体、人与人之间的对抗、遵循统一的规则或标准。

0.1.2　内涵

学界关于电子竞技内涵的讨论多为"电子游戏"和"体育"的联系和区别。从电子游戏的内涵来看，电子竞技虽然由电子游戏发展而来，但却是游戏发展的高级阶段，与电子游戏有着本质区别。电子游戏侧重点在于"游戏"，它具备传统游戏应有的特征。亚里士多德认为，游戏是劳作后的休息和消遣，是本身不带有任何目的性的一种活动，电子游戏就是以数字技术为手段设计开发的，以放松为首要目的的娱乐方式之一。而电子竞技侧重点则在于"竞技"，"是有别于电子游戏并达到竞技层面上的一项运动，是提高和锻炼受众的思辨能力、反应能力、心眼与四肢的协调能力，以及培养其意志品质和团队协作精神的一项有益于德智体全面发展的体育运动，也是纳入全民健身的运动之一。"同时从规则上看，电子游戏的规则由开发商控制，可变化；而电子竞技的规则与传统体育规则相同，具有强制性。因此电子竞技是基于电子游戏而开展的竞技活动，但不是所有的电子游戏都可以发展成为电子竞技。

而在体育学术界的讨论中，对于体育概念都未曾达到高度一致，其内涵和外延的解释也颇多。国内的"体育"和西方的"体育"并不完全相同。如《现代汉语词典》认为体育是以发展体力、增强体质为主要的教育，在活动过程中以锻炼人的身体为目的，是通过参加各种运动来实现的活动。《中国大百科全书体育卷》中，将"体育"界定为在中国，体育的广义含义与体育运动相同，它包含身体教育（即狭义的体育）、竞技运动、身体锻炼三个方面。从专家学者对体育这一概念的研究中可以发现，体育是伴随着人类生产和生活需要，在遵循人体身心发展规律的前提下，以身体运动为基本方式，最终达到提高运动技能和增强体质的目的——充满"教育"意味。那么，竞技体育为何？"竞技体育不同于一般的体力劳作，尽管它也同样需要体力基础和技能手段，但它更侧重最大限度地挖掘和发挥人的全身潜力，并通过全面发展身体来创造顶尖成绩和取得技术高峰。"在新时代的发展背景下，电子与体育的结合也许能将增强体质的概念扩展至脑力、心理等层面。因此，"电子竞技"与"体育"也许能够在以下几方面存在联系：组织化、规则化、职业化、产业化。总而言之，电子竞技的产生与发展可视为从游戏到体育的转变过程。

0.1.3　外延

数字体育是一个新概念，它是数字科技的重要表现形式，是信息技术与体育的广泛结合。无论是传统体育还是数字体育，数字化都是体育产业发展的重要新增长点。有学者认为："数字体育是指在体育领域中应用数字技术，通过组织采集、分析、传播体育管理、人的体质、体育娱乐、运动训练比赛、体育市场变化等专业数据信息，实现提高新时期体育目标任务的一种有意识、有组织的社会活动。换句话说，数字体育实际上就是数字的体育，数字化的体育。即通过信息技术和体育广泛的、密切的结合，应用数字信息技术来开发体育、传播体育、实践体育。"据研究可知，电子竞技仅仅是数字体育的一个方面。目前，电子竞技中的传统体育项目，如足球、篮球、赛车等传统体育虚拟化以及科技性的电子比赛，机器人足球、无人机竞速等数字科技对抗化都是数字体育的表现之一，正在推动着电子竞技等产业和体育产业的进一步结合。

从上述观点来看，研究界倾向将电子竞技与传统体育作比较研究，这不仅展现了电子竞技运动是电子计算机技术与竞技体育完美结合的产物，同时也表明了电子竞技体育化的必然趋势。电子和体育对于电子竞技来说是不可不提的两大特点，传统体育电子化的探索也不可避免需要借鉴电子竞技的发展。学界关于电子竞技相关定义的研究表明，对于电子竞技的定义和内涵截至目前仍有一定的争议，主要围绕在其与电子游戏的区别、是否应与体育的特性相结合，以及如何与传统体育相互借鉴。不可否认，我们所认为的电子体育所包含的三大内容，即电子竞技体育化、传统体育虚拟化以及数字科技对抗化，这些都是未来多产业融合研究的重要方向。

0.2　电竞产业环境与产业链

0.2.1　电竞产业环境

电子竞技产业在任何一个国家都是一个庞大的复杂系统,因此电竞市场蓬勃发展下行业规范化、标准化的缺失仍为遗留问题。聚焦全球拥有成熟电竞产业的国家,韩国和美国一直走在行业的前列。无论是韩国通过专门负责管理电竞产业的机构和部门的成熟运作所呈现出的成熟产业体系和完善的商业链条等优势,还是美国打造的以市场为导向的游戏产业发展所体现的众多上游知名游戏开发公司的总部集聚,都值得我们学习与研究。然而国内学界关于国内外电竞产业的对比研究较少,同时多仅停留于宏观问题的探讨,缺乏对具体问题的深入研究。

与世界电子竞技的整体发展相比,中国的电子竞技产业发展起步较晚,相对缓慢。从政策环境看,2003 年以来国家针对电子竞技出台相关政策的频率起伏较大,近几年的政策逐渐将电子竞技产业向标准化引领。从经济环境看,近年来我国的数字体育产业发展面临着一个良好的战略机遇。以游戏为代表的数字体育产业以及相关的电信、IT、金融、体育等各个行业及领域正在飞速发展,中国正在成为最具商业价值的电子竞技市场。学界普遍认为,电子竞技体育产业是信息产业和体育产业融合的产物。在此视角下,聚焦我们理解的三类电竞形式,无论是从体育化的电子游戏、虚拟化的传统体育,还是科技性的电子比赛,我国电子竞技产业的经济潜力有待进一步挖掘。

0.2.2　电竞产业链

从内含上看,产业链是一个包含价值链、企业链、供需链和空间链四个维度的概念,这四个维度在相互对接的均衡过程中形成了产业链,共同作用调控着产业链的形成。所有为电子竞技活动创造价值的组织、个体均可纳入"电子竞技"产业链之中,而电子竞技的游戏开发者处在价值链的顶端。放眼全球,以电子竞技为核心的电子娱乐业已创造了巨额的产值。美国的电玩产业规模连续四年超过电影业和唱片业,成为美国最大的娱乐产业。日本的电子游戏业每年创造着 2 万亿日元的庞大市场,诞生了一批世界著名的游戏大牌厂家。韩国现已跻身世界电子竞技大国,其电子竞技已成为年产值 40 亿美元的产业,并且相关产业链的价值甚至超过了汽车业。然而,相较于国外电子竞技产业链的成熟,中国电子竞技产业链生态暂时呈现出力量失衡的不健康态势,仍需不断完善。国内学界对电竞产业的相关研究也仅集中于概念、现状、建议,缺乏对现有问题的针对性研究。

关于目前中国电竞产业链的组成环节,较为公认的观点是:产业链上游,主要涉及内容的授权,包括电子游戏行业和相关监管部门等;产业链中游,主要涉及衍生内容的制作,包括电子竞技赛事行业、电子竞技俱乐部行业和电子竞技场馆行业等;产业链下游,主要涉及内容传播,包括直播行业、媒体行业以及电商行业等。总体表现为产业链较长,涉及多个产业部门。我们认为,目前国内的电竞产业发展处于一个生态不健康的状态,即头部厂商力量过大,易形成垄断局面,缺乏一定的监管力量,具体表现在产业链的各个环节。

从电子竞技产业链中的市场主体来看,游戏开发商可以依靠先天技术优势垄断电子竞技游戏的知识产权,站在价值链顶端,许可电子竞技运营商开展各类活动或赛事。同时,我国电子竞技的关键和核心内容对外依赖程度高,自主创新力不足。国内学者认为,中国电竞产业“大而不强”的根本原因在于电竞游戏开发技术、经验的严重欠缺,导致中国缺乏自主研发的高影响力电竞游戏产品。电竞游戏内容制作作为行业产品的源头,相关厂商的发展一定程度上左右着产业链中下游的创新与发展。缺乏核心竞争力的中国电竞产业将难以实现可持续发展,“中国制造”在电竞产业也应有着独一无二的地位。

从电子竞技产业链中的微观主体来看,电子竞技选手职业化程度低,行业缺乏科学的选才制度。一方面是因为电子竞技赛事过少,另一方面是因为比赛的奖金过低。同时,由于电子竞技的特殊性,电子竞技选手的职业生涯十分短暂,选手退役后的去向迷茫也一定程度上造成电子竞技的社会认可度较低,使得电子竞技运动员缺乏同传统体育运动员一般的良好成长环境。因此,面对电子竞技迅速发展,行业出现了一定程度的人才需求失衡。如何解决这一问题,除了俱乐部开展科学训练、提升成员竞技能力、完善选拔标准外,更少不了公共教育行业的支持。目前已有多个大学开设了电竞相关专业,但仍存在水平参差不齐、师资能力和职称不匹配、学科发展上升空间有限等问题,关于电子竞技本身的人才培养研究较为缺失。人是社会活动中最活跃的因素,不同区域教育水平的不平衡导致人才供给缺乏坚实基础,产业健康发展存在问题。因此加快建立人才培养机制,加快推进电子竞技人才的规模化培养,推动高校提升培养质量,引导企业加大人才引进刻不容缓。

0.3　电竞产业发展影响因素

0.3.1　内在因素

对电子竞技产业发展影响因素的研究事关产业的高质量发展,因此从需要关注的因素上看主要可分为内在因素和外在因素。内在因素即电子竞技自身内涵于社会层面的接受度,外在因素即宏观环境影响和对微观个体的影响。电子竞技自出现以来,饱受争议。从内在因素来看,在于其被“污名化”后一直未得到正名,与前期社会对其的偏见关系较大。因此后续学者试着从心理、生理等各方为其正名。如研究者关于电子竞技对脑可塑性影响的研究表明,电子竞技对脑可塑性的影响受多种因素的调节,即有规律的、短暂的电子竞技参与时间可以对大脑产生有益的影响。同时在法、哲学视角下看,电子竞技具备合法性。任何一种文化和科技都需要伦理与法的约束,相关研究者认为电子竞技虽然具有应然性层面的合法性,但不能确保其在当下生活世界中具有实然的合法性。在以“人民为中心”的体育价值引导下,显示出对未来负责的态度才能为其健康发展保驾护航。可以看出,无论是从电子竞技对个体的生理、心理影响研究还是从其对社会的影响研究都较少,也缺乏一定的以实证视角来证实电竞之效的科学实证研究。尽管电竞文化仍无法成为主流文化之一,但经过多年发展的电竞文化已经汲取了各方养分,随着时代的推进蓬勃发展。电子竞技在丰富自身文化的同时和主流文化进行了互补,刺激了文化活力,使得双方在互相交流和结合中更加强大,有利于打破社会对电子竞技的偏见。

0.3.2 外在因素

研究发现,学界认为影响电子竞技外在的因素主体主要来源于三个方面：政府、企业、媒体,即宏观环境影响和微观个体的影响。从电子竞技产业链的整体层来看,国内电子竞技曾一度因为缺乏政府、社会媒体等外方的支持而呈现低迷发展态势,反观较为成熟的电子竞技产业大国均有行业内外各组织的较为全面的支持。

1) 企业因素

作为电子竞技行业最活跃的主体,相关的企业组织是第一大动力支持。除了通过电竞赛事职业化、赛事运营专业化来逐步提高社会对电竞职业的认可之外,同样需要俱乐部、赛事方加快建立规范有效的培训、晋升体系。面对未来以人才竞争为核心的行业竞争,人才供给端在实施更高质量教育的同时,也需要对接产业需求、了解行业并掌握关键技能才能进行深入应用,实现产业创新。除此之外,多家电竞公司的上市也表明,资本的青睐是电子竞技俱乐部及相关赛事运营企业成为整个电子竞技产业价值提升的重要动力。但需注意的是,无论是电竞选手的培养、输出,场馆的提供和赛事的承办,还是通过宣传达到影响力的提升,都需要不断促进各端融合发力,既要防止一家独大的局面,也要警惕企业力量分散。

2) 政策因素

学界普遍认为,政府作为管理和监管角色在电子竞技的发展中应发挥主导作用。在 2003 年中华全国体育总会把电子竞技确定为国家体育总局正式开展的第 99 个体育项目之前,有关部门存在着对于电子竞技的本质特征认识不清、认为该产业的迅猛发展对其他产业的带动作用不足、对电子竞技的管理错位等问题。尽管国内出现了各种名称的电子竞技比赛,但由于对电子竞技的概念不统一、赛事组织的不规范,现有的大型具备影响力的赛事仍是由企业主导,资本驱动下的商业性突出难免导致乱象丛生。到如今,我国电子竞技的发展道路较为崎岖,电子竞技相关的研究潮也基本随着国家政策的颁布有起有落。近年来,政府逐渐着手电竞行业的整治工作,发布了一系列的利好政策,结合政策发布的时间不难看出,政府的政策扶持是电竞发展不可或缺的最强动力之一。

除一系列国家政策之外,随着电竞市场的扩张,电竞文化逐步和城市融合,各大城市相继进入电竞资源的抢夺战中。目前,国内像北京、上海、广州、深圳、重庆、成都等诸多一线城市都已相继颁布电竞相关政策来支持电竞行业和相关企业的发展。前有上海的"全球电竞之都",后有北京的"国际网络游戏之都"。一座座电竞城市在国内陆续出现,既是对电竞行业的认可,也是为城市发展注入新活力的重要途径。因此,政府应从战略的角度制定系统的、全面的、适当超前的政策法规,以此来扶持国内电子竞技产业的发展。

3) 媒体因素

内容制作出来后少不了宣传推广,作为电子竞技产业链的输出方,如何对电子竞技这一热门文化现象进行引导,从而让电子竞技的媒体向有序、健康、规范的方向发展也是学界研究的重点之一。从某种意义上来说,《人民日报》对电竞游戏的态度在其中扮演了意识形态和社会思潮晴雨表的角色,政策引导下的主流媒介对电子竞技的态度有一定的指导意义。电子竞技需要媒体的宣传,媒体也需要电子竞技高质量的内容制作,二者的正向交互是发展的基础。除此之外,电竞产业发展最重要的动力应是电子产业链上的个体——电竞从业人员,即电竞行业的全方面人才。然而,此前社会对于电子竞技认同度的缺乏以及行业未来走势的不明朗使得行业人才缺口巨大,因此行业健康发展须破解人才瓶颈,而人才的培养也一定离不开高质量的教育。

0.4　电竞教育培训与产教融合

任何产业的高质量发展都离不开人才培养,因此破解国内电竞产业问题的抓手仍是产教融合。电子竞技作为一种新兴产业，逐渐得到社会的认同。2019年4月，人社部公布了2015版《中华人民共和国职业分类大典》颁布以来的首批13个新职业，其中就包括电子竞技运营师、电子竞技员。然而，与电竞在中国的兴盛程度相比，电竞人才培养热度还在上升期，电竞行业的人员供给严重不足。有国内学者认为，从事电子竞技行业，进入门槛相对较低、收入可观。青年群体在选择电子竞技就业时，应考虑个人的诸多影响因素。也有学者认为，随着我国电子竞技产业的快速与纵深发展，其对人才的需求已从技能型人才转向了技术型人才。电子竞技产业起步不久，尚不具备较强实力从其他更成熟的产业中吸引人才，因此高水平的产教融合可以为电竞产业的科学研究、人才培养、产业经济建设提供良好的环境。高等院校电子竞技运动与管理专业或方向的开设不仅为电子竞技专业人才的培养提供了有力支持，而且也是电子竞技去污名化和合法化的重要保障。美国许多高校深度参与电竞产业，在设立电竞奖学金吸引优质学生的同时也将科研和电竞紧密结合，这也是中国作为教育大国未来努力的最佳方向，即加大高质量人才的培养力度。

自2016年"电子竞技运动与管理"专业成为教育部职业教育与成人教育司公布的增补专业以来，国内高校开设电竞专业的热潮便一浪高过一浪。中国电竞教育尚没有形成统一标准、完整理论体系，实践与教学不统一。许多人对电竞教育的认识存在很大误区，认为电竞教育只是教人打游戏。实际上，电竞教育还包括很多内容，如电竞运营管理的商业化、版权、制作、播出，等等。而当前开设电竞相关专业的高校，尤其是双一流高校寥寥无几，本科及以上教育出现严重断层。究其原因，主要在于双方在目标利益诉求上存在差异：院校的目标是培养人才，更加注重社会效益；而企业的目标是追求利润，更加注重经济效益。同时，由于产业发展与升级迅速，技术更新速度快，在缺乏一定的需求动力下，职业院校难以同步培养。电竞从业人员的职业化发展是产业提高稳定性和创新力的必由之路，因此电竞产业产教融合存在合理的现实诉求。电竞行业在产教融合建设过程中应发挥好企业的主体作用，提高企业参与的深度与广度，形成共享共创的局面。

0.5　总结与展望

0.5.1　观点总结

总体来说,现存电子竞技研究主要有以下特点:

一是从发文数量上看,中国作为现如今电子竞技市场第一大国,国内关于电子竞技的研究较少,且多集中于探讨电子竞技存在的意义和合理性,以及宏观层面的评述性研究上,结论缺乏一定的指导意义。这说明国内社会对于电子竞技仍带有一定的偏见,这势必会导致研究热情的缺乏。

二是从研究内容上看,国外研究已基本深入电子竞技微观层面,且多在承认电子竞技体育性的前提下多进行交叉学科研究。反观国内,尽管大部分关于电子竞技的学术研究均属于体育领域,但体育类学术期刊对于电子竞技研究的支撑力度明显不足。除此之外,还涉及因直播热引导的传播学领域的研究和行业规范化趋势下的行业法理性研究,但仍较为局限,交叉融合性研究较少。因此需要更多微观主体的行为研究和交叉学科研究,为其注入新鲜血液和动力。同时,未来研究重点亦可从电子竞技本身向各种相关利益者转移,如电子竞技协会、俱乐部等协同作用等,以及借鉴传统体育的发展模式及相关利益群的关系实现各方有效的多向激励。在深挖电子竞技存在意义的同时,或许可以将人们为何观看电子竞技的推拉因素与为何玩家希望参加电子竞技活动等问题相结合,多视角分析不足,避免思考的局限性。

三是从研究方法上看,国内关于电子竞技的展望研究,多集中于定性分析问题,提供解决问题的思路,但缺乏一定的模型支持。同时,国内外对比研究较少,虽然基于国情的不同,国内外对比研究的结论可能会对适用程度产生局限,但这也为探索和揭示不同社会下国家和企业之间互动的差异性及影响研究提供了思路。通过理论研究给予电子竞技发展更好的环境支持,必然需要借鉴传统体育的发展经验,因此电子竞技与传统体育的融合是不可或缺的研究思路之一。

四是从研究结论上看,相较国外研究,国内学界关于电子竞技的结论多为方向性建议，如引导社会正确认识、政府加大投入和监管力度、企业加大资本投入度等，缺乏微观主体的具体建议研究。且研究多为宏观层面的评述性研究，结论缺乏一定的具体指导意义。微观层面的研究主要集中于直播热引导的传播学领域，较为局限。因此需要更多微观主体的行为研究和交叉学科研究，为其注入新鲜血液和动力，如高校、电竞从业者、电竞爱好者等。而关于传统体育的电子化研究，目前大多关注教育领域。

综上所述，国内电子竞技的学术研究暂时陷入较为尴尬之境地。较为新兴的传统体育电子化研究，目前多涉及教育领域。数字体育研究也仅停留于高校教学、训练、锻炼等方面的应用研究，缺乏商业领域应用探索。因此我们提出三种电竞形式研究视角，即体育化的电子游戏、虚拟化的传统体育、对抗化的数字科技。同时针对电子竞技发展现状以及影响因素，提出破解问题的抓手是产教融合这一重要结论。

0.5.2　研究展望

我国电竞产业要想持续大力发展，需要健康生态支撑。因此需要对产业布局及其监管与引导进行有针对性研究，避免头部游戏厂商以及其他核心环节平台性企业可能的垄断。教育赋能是任何产业健康发展不可或缺的发展动力需求之一，企业与院校之间应该相互扶持，从意识和行动上明确两大主体的主要任务和优势，优化资源配置，主动创新培养模式，从而支撑产业高质量发展。无规矩不成方圆，规范的学术研究与业态发展之间的良性互动才能使得电子竞技发展道路更加有保障。同任何一个新生事物的发展一样，电子竞技无论是面向电子竞技体育化还是传统体育电子化，抑或是向数字科技对抗化深耕都势必是一个不断融合与试错的过程，少不了学界、协会、产业共同推动。世界万物的联系使得主体间在某些特性上恰好互补，因此相互学习才能共赢，多领域融合下的交叉研究才能带来更多研究方法和思考。我们要用发展的眼光、高质量的眼光去关注这一领域。"绝处识英雄"是2020英雄联盟全球总决赛电竞精神品牌宣传片主题，在此，这句话也献给每一个电竞人。

第 1 章
电竞产业发展概况

随着我国电子竞技产业的发展,电子竞技不仅改变了人们的休闲娱乐方式,更为国民经济的发展增加了动力,逐渐成为文化产业、体育产业的一部分。

1.1　电竞产业

电子竞技运动是以信息技术为核心,软硬件设备为器械,在信息技术营造的虚拟环境中,在同一竞赛规则下进行的对抗性益智电子游戏运动。如今,电子竞技已经从一项运动发展成为有着巨大发展潜力的产业,这既是时代的产物,也是科技发展的结果。电子竞技产业是随着 20 世纪 90 年代末世界游戏产业的快速发展而在全世界范围内形成的一个庞大的新兴产业,具有巨大的经济效应和社会效应。依托电子竞技高流量,电子竞技产业不断衍生迭代,电子竞技产业进入了快速成长阶段。作为互联网时代数字化产物,电子竞技已然成为走全球化发展道路的最大受益者。

电子竞技产业作为体育产业、信息产业、科技产业以及文化产业的集合体,产业间显著的关联特性会产生巨大的联动效应,能有效带动相关产业发展壮大,为社会经济发展带来强劲动力。它的这些产业特性与我国正在倡导的"创新、协调、绿色、开放、共享"五大发展理念不谋而合。李克强总理在 2016 年 10 月 14 日的国务院常务会议上,明确提出要加快发展电竞产业,中央多部委、多个省市表态支持电竞产业发展,电竞产业已经成为体育产业投资的重要领域。

1.2 全球电竞产业

1.2.1 全球电竞产业发展历程

全球电竞产业的发展大致可以分为四个阶段。

1. 1972—1998年孕育发展期

电子竞技起源于美国，世界上最早的电竞比赛可以追溯至1972年10月在斯坦福大学人工智能实验室举办的"银河杯太空大战奥林匹克（Intergalactic Spacewar Olympics）"，比赛的项目是太空大战（Spacewar）。这次比赛由《滚石杂志》的编辑斯图尔·特布兰德策划，冠军奖励是《滚石杂志》为期一年的免费订阅以及世界上第一届电竞比赛冠军的称号。

2. 1998—2000年初步探索期

韩国全力推进电子竞技发展职业化、产业化。20世纪90年代起，随着家用电脑与游戏产业的快速发展，众多种类的电子游戏逐渐进入人们的视野。1997年亚洲金融危机爆发，次年美国发布了游戏《星际争霸》，迅速在韩国流行起来。1999年10月，Progamer Korea Open比赛在韩国首尔举办，至此韩国职业联赛逐渐开始运作。借助《星际争霸》极强的竞技性与观赏性，韩国通过电视转播的方式助力电子竞技发展，政府大力推动电子竞技产业链各个环节的搭建以缓解金融危机带来的负面影响，电子竞技已经成为一种新兴产业。

图1-1　世界上第一届电竞比赛

3. 2000—2013 年端游电竞发展期

这一时期韩国主办的世界电子竞技大赛(World Cyber Games,以下简称 WCG)极大地促进了电竞文化的发展,由韩国国际电子营销公司主办,三星与微软提供赞助,这一全球性的电子竞技赛事也被誉为"电子竞技奥运会"。比赛项目主要为端游电竞,如《CS》《魔兽争霸》等。历经 14 年,WCG 在六个国家八个城市共举办了 14 届全球性的电子竞技比赛,但电竞市场竞争日趋激烈,并且随着手机等移动端的崛起,三星公司作为赞助商希望 WCG 可以转型手游电竞,但未能达成一致,2013 年以后 WCG 停办。

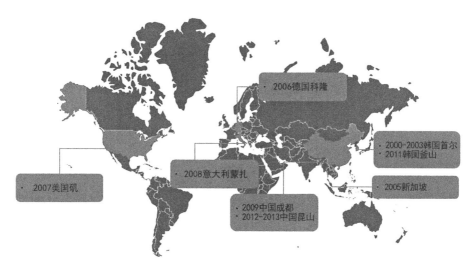

图 1 - 2　世界电子竞技比赛 WCG 历年举办地

4. 2014 年至今移动端电竞爆发期

这一时期以移动端为主要利润来源的亚洲电竞市场迅速发展。随着用户接入互联网的端口由 PC 转向移动端,以及中国政府逐渐对电竞松绑,中国在世界电竞市场所占的份额迅速增加,已经成为世界第二大电子竞技市场。

1.2.2　全球电竞产业发展特征

1. 市场规模稳步扩张,以赞助为主要营收特征

如图 1 - 3 所示,2012 年以来全球电子竞技市场迅猛发展,2019 年全

球市场规模已达 9.58 亿美元。从市场结构来看，广告、赞助和媒体转播权等领域近年来的营收激增极大地促进了全球电竞行业收入增长。根据 Newzoo 统计数据，赞助是全球电子竞技最主要的收入来源，占 2020 年全球电子竞技各渠道收入的 60％，而媒体转播增收速度最快，2020 年媒体转播收益已达 1.633 亿美元，成为全球电子竞技产业的第二大营收来源（见图 1－4）。

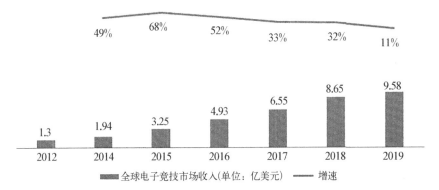

图 1－3　2012—2019 年全球电子竞技市场收入
数据来源：根据 Newzoo、Yahoo、艾媒数据中心资料整理

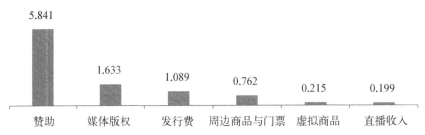

图 1－4　2020 年全球电子竞技各渠道收入（单位：亿美元）
数据来源：根据 Newzoo、Yahoo、艾媒数据中心资料整理

2. 游戏利润分布地域差异显著

从游戏市场利润分布来看地域差异明显，欧美市场偏好游戏机而亚洲市场偏好手机。根据鲸准统计数据显示（见图 1－5），2017 年欧美市场主要通过电脑与游戏机盈利，尤其是游戏机占总利润的 49％，游戏机与电脑占总利润超 70％；而亚洲市场则更加偏好移动性强的手机，仅手机端就占比过半，其次是电脑占 34％，游戏机仅占 11％。首先，欧美国家整体经济实力更强，人均 GDP 更高，能在硬件设备上投入更多，而亚洲国家平均

收入较低,用户通过手机参与电竞更加便利;其次也与用户自身的娱乐习惯有关;最后还与不同地区的游戏厂商在游戏领域不同的优势有关。

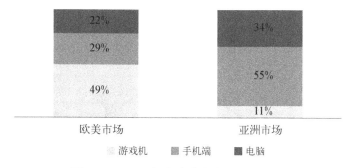

图 1 - 5　2017 年全球游戏市场利润分布

数据来源:鲸准数据

3. 电竞爱好者与电竞休闲观众保持高速增长

全球电子竞技人数逐年稳步增长。根据 Newzoo 数据显示(见图 1 - 6),2012—2019 年电竞爱好者与休闲观众均逐年增长,观众总人数年复合增长率达 19%。2019 年全球电子竞技观众人数达到 4.431 亿人,其中休闲观众人数达到 2.452 亿人,电子竞技爱好者达到 1.979 亿人。总体上休闲观众比电竞爱好者数量更多,是电竞产业变现的重要途径。

图 1 - 6　2012—2019 年全球不同类型的电子竞技观众数量及预测

数据来源:根据 Newzoo、艾媒数据中心整理

4. 投资与赛事奖金池齐头并进

根据 CB Insights 数据显示(见图 1 - 7),2012—2017 年全球电竞投资

总额与投资总数均有较大幅度增长,除 2013 年有所下降外其余年份均逐年增长,且 2017 年较 2012 年投资总额实现了 3 倍以上的增长。其中2015 年全球电竞投资出现爆发现象,当年投资额增幅达 138%,投资数量增速达 127%,而 2016 年单次交易实现的投资额最多达到 0.18 亿美元。

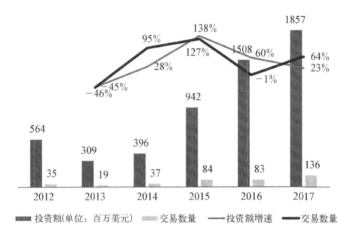

图 1-7　2012—2017 年全球电竞领域投资情况
数据来源:根据 CB Insights、艾媒数据中心整理

如图 1-8 所示,2018—2019 年全球电子竞技奖金池前 10 的游戏仍然以端游为主,排名前 4 的游戏其奖金池均超过了 1 亿美元,其中 2018 年

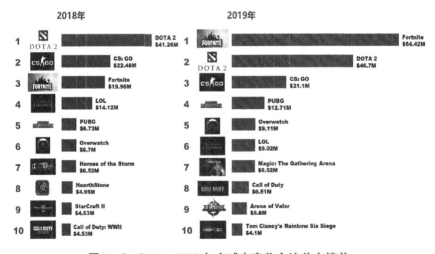

图 1-8　2018—2019 年全球电竞奖金池前十榜单
数据来源:根据 Esports Earnings、Esportsobserver 整理

《DOTA 2》奖金最多达 4.126 亿美元,2019 年《Fortnite》(堡垒之夜)超过《DOTA 2》以 6.442 亿美元位列第一。2019 年由腾讯游戏天美工作室群开发的《王者荣耀》以 580 万美元排进前十,说明经过长时间的积累,中国移动电竞在游戏开发方面已经具有一定实力。

1.2.3　全球电竞产业发展格局

1. 北美:顶层枢纽

自电子体育诞生以来,北美一直是相关产业高度发达的地区。由于科技根基扎实、基础设施完备、人才体系健全、创新意愿强烈,北美地区的电子体育长期占据顶层枢纽地位。美国在电子体育萌芽阶段就建构了产业链的上层空间,建立了扎根北美的 CPL、MLG 等赛事组织,充分汲取了 NBA、NFL 等职业体育的养分。

2. 韩国:重要推手

尽管欧美地区在电子竞技领域处于枢纽之地,而韩国却早在 1998 年就成立韩国电子竞技协会 KeSPA,以举国之力发展以电视台为中心,电子体育赛事为产品,电竞协会 KeSPA 为运营的电子体育产业。2001 年起,韩国文化产业振兴院每年都会发布《韩国游戏产业白皮书》。2000 年发端于韩国的世界电子竞技大赛(WCG),是电子体育模式的开创者,现存的综合类电子体育赛事大多参照了 WCG 的运行模式。韩国人作为电子体育的定义者,较早实现了电子竞技的职业化,同时催生了产业奇迹。韩国电子体育发展模式有一定的可借鉴意义,但也提供了不少经验教训。一个新产业对国家和社会产生的效应,在顶层设计时考验长远眼光,在推进过程中也不断接受现实检验。

3. 中国:新兴热土

世纪之交,中国电子体育有了最初的试探,也收获了第一批成果。电子体育在中国引发的讨论其强度、广度和复杂程度远高于世界其他地区。2001 年 WCG 第一次被引入中国,在之后的韩国总决赛中,FIFA 项目和《星际争霸》项目分获冠军,这是中国电竞代表队第一次在世界大赛中夺冠。2004 年孟阳以《毁灭战士 3》项目在 CPL 第一次获得电子竞技个人世界冠军,2005 年李晓峰在 WCG 夺得《魔兽争霸 3》全球总冠军,并于 2006

年卫冕成功。这是中国电子体育力量初登世界舞台获得的连续性成果，形成了电子体育在国内最初的社会形象，也开启了极具中国特色的电竞时代。但由于电子体育的不确定因素较大、可奋斗周期较短、明星效应难以建立等天生短板的存在，使得电子体育暂时没有成为像足球、篮球一样影响深远、效应持久的发达职业体育。

图1-9　中国、美国、韩国电竞发展模式比较

当前电竞发展已经形成了北美、中国、韩国三足鼎立的格局。根据 Newzoo 提供的 2019 年全球不同地区电子竞技收入分布数据显示：北美作为电子竞技发源地在全球电竞市场中独占鳌头，其市场规模占全球的 38%；韩国自 1997 年起已经形成一套较为成熟的电竞产业体系，市场规模占全球的 6%；尽管前期受到政策导向的约束起步较晚，但随着近年来我国对电竞产业支持力度不断提高，中国后来居上占有全球市场的 19%，位居全球第二。中、美、韩三国电竞发展各具特色：美国重视活动组织，韩国通过体系化运营电竞赛事包装电竞选手，中国则突出以体育竞技化为核心的商业模式。

1.3　中国电竞产业

1.3.1　中国电竞产业发展历程

从 1996 年电子游戏被引入中国开始，中国电竞产业的发展可以划分为 5 个阶段：① 1996—2004 年处于萌芽探索期，开始出现第一批职业选手，出现地方性的电竞俱乐部，电竞发展所需的互联网环境尚未发展完善，电子竞技的概念仍然处在萌芽阶段，整体社会热度不断向好，社会认知度变高，但评价仍然维持在低位；② 2004—2009 年处于艰难探索期，多家知名俱乐部成立，赛事逐渐正规化，各类参与主体不断进入，但政府部门间权责不明，对电子竞技产业存在"冰火两重天"的态度，电竞在中国彻底失去宣传渠道，电子竞技运动的社会关注度降至冰点；③ 2009—2011 年处于产业变革期，政府对电子竞技的态度转向扶持，游戏英雄联盟与 Dota2 诞生标志着电竞由单机走向网络，电商为电竞产业提供了第一个变现渠道；④ 2011—2014 年处于野蛮生长期，在政府良好的监管下，中国电子竞技的国际影响力极大提升，本土游戏企业开发实力提升，在资本、厂商、直播的共同作用下，电竞在这一阶段开始爆发，产业不断细分；⑤ 2014 年以来处于产业规范阶段，开始有地方政府主办中国的国际电子竞技赛事，政府鼓励并制定一系列产业发展细则，教育部设立电竞专业，电子竞技已经得到社会认可，产业链不断拓展广度和深度，电子竞技产业投资金额逐年增加，产业发展逐步规范化。随着国家政策支持、人文消费理念进步，近些年电子竞技迎来了"井喷式"发展。

2019 年，国内电竞用户规模达到 3.5 亿，市场规模突破 80 亿。中国电竞首次出现了观赛人次突破 100 亿的赛事，打破了电竞史上所有已公布的赛事数据记录。除赛事外，中国电竞在教育体系、泛娱乐电竞产业园、行业规范方面都在持续的探索中。在国家政策方面，2003 年，国家体育总局正式批准将电子竞技列为第 99 个正式体育竞赛项目；2008 年，国家体育总局将电子竞技改批为第 78 号正式体育竞赛项；2016 年 4 月，国家发改委鼓励举办电子竞技赛事活动；2016 年 7 月，国家体育总局发布的《体育产业发展"十三五"规划》将电竞列为运动项目的重点之一；2016 年 9 月，教育部正式增设电子竞技运动与管理专业。在国际政策方面，2017 年 10 月，电子竞技被国际奥委会认可为运动；2018 年 8 月，电子竞技在雅加达亚运会上作为亚运表演项目登台。

2020 年度，电竞行业以 99.90 的热度指数位居大文娱产业热度指数榜第二(见图 1 - 10)。除知识分享热度指数较低外,文娱其他行业分类热度指数均在 89 以上,当前舆论关注和讨论的重点仍是文娱行业,电竞则在其中占据重要位置。2020 年 3 月 14 日起,发现之旅与腾讯电竞联合拍摄的 6 集纪录片《电子竞技在中国》在央视播出,这是继 2003 年《电子竞技世界》播出后电竞相关节目再次登陆央视。正如纪录片第一集的标题"不只是游戏是体育,是艺术,也是文化"所言,在 17 年中电竞的内容形式、相关政策、大众认知等都发生了巨大的变化。经历了曲折发展的电竞,从"不务正业"到"为国争光",电竞原有的负面印象正在逐渐褪去,社会将越来越认可电竞这一新兴运动的魅力。企查查数据显示,目前我国共有电竞相关企业 2.1 万家。在疫情影响下的 2020 年,电竞企业新增注册 7 110 家,同比增长超 30%。2020 年中国电竞游戏市场收入达 1 365.57 亿元,同比增长超 44%。电竞游戏用户规模达 4.88 亿人,同比上涨9.65%,中国已超越北美成为全球最大电竞市场。与此同时,中国电竞业在 2020 年也书写下不少里程碑式的"大事件",如"电竞选手名人堂发布""英雄联盟 S10 全球总决赛在上海举办""教育部将电竞纳入高校毕业生就业统计指标""'电子竞技员'国家职业技能标准将出台"等。近日,在亚奥理事会第 39 次全体代表大会上,电子竞技正式成为杭州亚运会竞赛项目,电竞再次迈出了至关重要的一步。同时,相关数据显示,中国电竞市场规模突破了 1 000 亿元,中国已经超过北美成为全球最大电竞市场。业

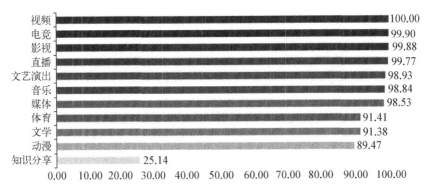

图 1 - 10　大文娱产业热度指数对比

数据来源:引用自新浪游戏联合微热点大数据研究院联合推出《中国电竞行业网络关注度分析报告·2020 年度版》

界专家指出,电竞入亚将给电竞整体市场规模增长带来较大推动作用,电竞市场规模的不断扩展将有力带动产业链融合,发展潜力不容小觑。可以预见,中国电竞市场将持续稳步提升(见图 1 - 11)。

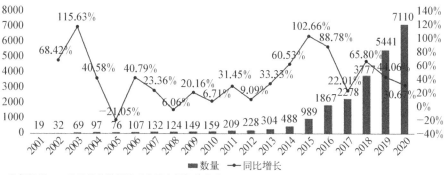

数据说明:1.仅统计关键词为"电子竞技"的企业。

图 1 - 11　2001 年至 2020 年我国电子竞技行业企业注册量

数据来源:企查查,统计截止时间 2020 年 12 月 22 日。图片引用自微热点大数据研究院。

1.3.2　中国电竞市场发展特征

1. 市场规模稳步上升,电竞生态推动整体市场发展

2020 年新冠疫情爆发,对电竞产业线下环节造成一定冲击,但由于移动电竞游戏市场的稳定发展与游戏直播市场的不断扩张,国内整体电竞市场规模仍然保持稳步增加态势。据艾瑞咨询数据显示,2017—2019 年中国电竞市场总体规模稳步扩大,2019 年我国电竞市场总规模达 1 175.2 亿元,共增长 469.1 亿元,增速保持在每年 15% 以上。从电竞游戏市场及其生态市场的规模来看,电竞游戏市场在整体市场规模占比过半,游戏市场是电竞产业发展的基石。自 2017 年以来国内电竞生态市场得到了快速发展,进一步推动了电竞市场整体规模的增长。从电竞游戏市场细分领域来看,由于我国人均收入较低,而端游设备价格较高,导致端游电竞游戏市场已接近饱和发展,但得益于移动电竞游戏的迅速发展,使得国内电竞游戏市场整体保持稳步增长。从电竞生态市场细分领域来看,游戏直播发展较早,其规模较电竞商业化规模更大,但两者均发展迅速,2017—2019 年已实现倍增。

表1-1　1996—2019 年中国电竞产业发展阶段

	1996	境外电子游戏被引进到中国
萌芽探索期	1997	电竞俱乐部初具雏形
	1998	《反恐精英》与《星际争霸：母巢之战》在中国流行；规模有限的非官方赛事举行
	2001	中国选手在 WCG 取得一银一铜
	2002	"首届中国电子竞技争霸赛"举办；"浩方对战平台"正式开始运营
	2003	中国队在 WCG 取得三金、一银、一铜；《魔兽争霸 3：冰封王座》发售；电子竞技成为第 99 个正式体育项目
	2004	ESWC、CPL、WCG 等重要国际赛事登录中国；《关于禁止播出电脑网络游戏类节目的通知》；线上电竞平台积分等级系统出现；中国第一支电子竞技国家队成立
艰难探索期	2005	《鲁豫有约》电竞世界冠军专题；第一支由中国人建立的国际电子竞技俱乐部成立；CEG 组委会年度会议召开标志着中国电子竞技正式走上职业化道路；电子竞技被列为第十届全运会表演项目
	2006	《全国电子竞技竞赛管理办法（试行）》颁布；中国选手 SKY 蝉联 WCG 比赛 War3 单人项目冠军
	2007	第二届亚洲室内运动会在澳门举行，中国选手获得三枚金牌；电子竞技外围氛围逐渐转暖，但赛事、选手、俱乐部等的负面事件全面暴露
	2008	成都市第十一届运动会将电子竞技正式列为比赛项目；电子竞技被重新定义为第 78 号体育运动项目
	2009	首款国产游戏《反恐行动》进入 2009CEG 表演项目；全球顶级电子竞技赛事 WCG 首次在中国举办；腾讯代理的《穿越火线》《地下城与勇士》入围 WCG 比赛项目；PGL、IESL 比赛停办
产业变革期	2010	ECL 电子竞技冠军联赛获得官方充分认可；第一支针对电子竞技产业设立的公益基金正式揭幕；第一个电子竞技中心在北京市石景山区建成；国内六所知名高校运用"四维"电子竞技平台开展有关航空的对抗训练；电竞解说视频走红，出现"电竞解说＋电商"变现渠道
野蛮生长期	2011	腾讯代理的《英雄联盟》正式上线并成为 2011 年 WCG 正式比赛项目
	2012	WCG 全球总决赛在昆山市举行，中国队获得三项冠军，并首次荣获该赛事"国家杯"；腾讯公司相继举办了 CFPL、TGA、LOL 等一系列赛事

续　表

野蛮生长期	2013	国家体育总局决定组建电子竞技国家队出战第四届亚洲室内和武道运动会；"何超事件"将电子竞技推向舆论的风口浪尖；网易推出《英雄三国》并投入 3 000 万开展支持中国电子竞技产业的"面包行动"；中韩 7 家企业成立电子竞技战略联盟共同推动中国电子竞技产业发展
	2014	银川市政府主办的 WCA 接替了停办的 WCG；中国战队 Newbee 获得《Dota2》国际邀请赛的冠军及 502 万美元的奖金，刷新了中国体育史上团队最高奖金纪录；WCA 成功举办，国产游戏《苍穹变》和《刀塔传奇》首次被引入国际赛事体系
产业规范期	2015	QG 战队成立，获得当年 LPL 夏季赛冠军；王者荣耀城市赛、高校赛等联赛举办，玩家热情高涨
	2016	国务院发改委《关于印发促进消费带动转型升级行动方案的通知》指出"在做好知识产权保护和对青少年引导的前提下，以企业为主体，举办全国性或国际性电子竞技游戏赛事活动"；教育部《普通高等学校高等职业学校(专科)专业目录》增补了"电子竞技运动与管理"专业；第一届王者荣耀职业联赛(KPL)举办，王者荣耀电竞比赛形成职业化
	2017	《文化部"十三五"时期文化产业发展规划》推进游戏产业结构升级，推进网络游戏、电子游戏等游戏门类协调发展，促进移动游戏、电子竞技等新业态发展；《关于举办 2018 年全国电子竞技公开赛的通知》2018 年 8—10 月举办电子竞技公开赛，12 月份在成都进行总决赛
	2018	被媒体称为电竞新的纪元，多个战队获得冠军；RNG 战队 MSL 夺冠、LPL 洲际赛夺冠、中国队亚运会夺冠、IG 战队 S9 夺冠等；KPL 形成东西赛区主客场制度，东部赛区落户上海，西部赛区落户成都，首次将电竞与地域联系起来；KPL 开启韩国赛区 KRKPL
	2019	人力资源社会保障部、市场监督总局、统计局联合发布了包括电子竞技运营师、电子竞技员在内的 13 个新职业信息；上海市政府《促进电子竞技产业健康发展 20 条意见》，上海力争 3～5 年建成"世界电竞之都"；王者荣耀冠军杯升级为世界冠军杯，12 支参赛队伍来自不同的国家

数据来源：根据陈东《中国电子竞技产业发展研究 1996—2015》、鲸准数据、Mob 研究院资料整理

2. 电竞产业投资爆发，直播最受资本青睐

自 2014 年开始掀起电竞投资热潮以来，电竞投资数量与金额逐年增加。到 2016 年，投资金额与投资数量明显增加，融资额度达 59 亿元，共投资 37 家电竞相关企业。2018 年，电子竞技领域投资出现爆发，此一年

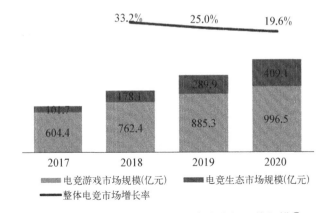

图 1－12　2017—2020 年中国电竞市场总体规模①

数据来源：艾瑞咨询。

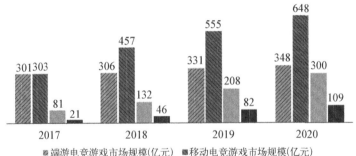

图 1－13　2017—2020 年中国电竞细分市场规模②

数据来源：艾瑞咨询。

---

①　1.电竞游戏市场规模,包括中国大陆地区用户为端游电竞游戏和移动电竞游戏消费的总金额;2.电竞生态市场规模,包括赛事门票、周边、众筹等用户付费以及赞助、广告、版权等企业围绕赛事产生的收入,以及包括电竞俱乐部及选手、直播平台及主播等赛事之外的产业链核心环节产生的收入,不包括电竞教育与电竞地产规模。

②　1.端游电竞游戏市场规模,包括中国大陆地区用户为端游电竞游戏消费总金额;2.移动电竞游戏市场规模,包括中国大陆地区用户为移动电竞游戏消费总金额;3.游戏直播平台市场规模,包括独立游戏直播平台及游戏内直播带来的直播业务收入及包括游戏联运、广告业务、电商直播等在内的其他业务收入,未包含快手直播及哔哩哔哩直播等视频拓展游戏直播平台的收入规模;4.电竞商业化市场规模,包括赛事门票、周边、众筹等用户付费以及赞助、广告、版权等企业围绕赛事产生的收入,以及包括电竞俱乐部及选手相关收入,不包括电竞教育与电竞地产规模。

融资金额达 412 亿元,共投资 44 家电竞企业,此后投资数量与金额大幅下降见图 1-14。从行业融资分布情况来看,资本对电竞领域各行业的关注极不均衡。当前电竞产业投资重视线上,线下投资重视程度不高,重点投资领域是电竞直播、赛事运营和电竞场馆,其他细分行业未来还有较大增长潜力。电竞直播占到融资总额的 67%,与赛事直接相关的赛事运营和电竞场馆排在第二和第三位(见图 1-15)。除游戏研发商以外,电竞行业中融资金额最多的 5 次融资均发生在直播领域,其中斗鱼和虎牙获得了高达 67 亿的融资,电竞直播是最早产生巨头与证实商业逻辑的细分行业。

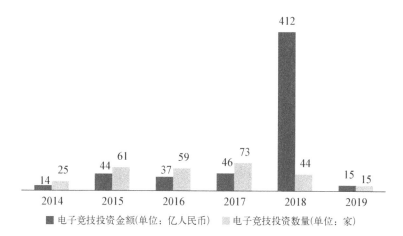

图 1-14   2014—2019 年中国电子竞技投资情况

数据来源:艾媒数据中心

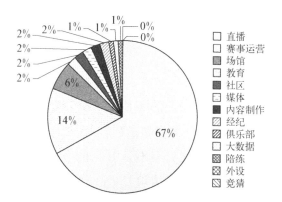

图 1-15   2017—2020 年中国电竞细分市场规模

数据来源:鲸准数据

1.3.3　中国电竞产业政策落实成效

如图 1-16 所示,自 2015 年以来国家出台了一系列促进电竞产业发展的政策,表明电竞已经成为官方认可的产业,总体上我国电竞政策在赛事、产业结构方面提供的政策见效明显。

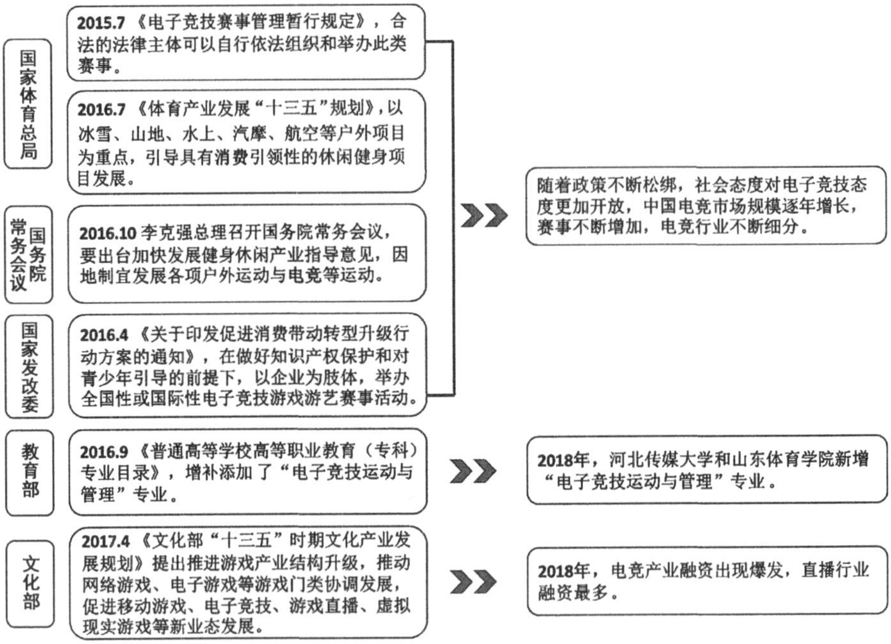

国家体育总局

2015.7《电子竞技赛事管理暂行规定》,合法的法律主体可以自行依法组织和举办此类赛事。

2016.7《体育产业发展"十三五"规划》,以冰雪、山地、水上、汽摩、航空等户外项目为重点,引导具有消费引领性的休闲健身项目发展。

国务院常务会议

2016.10 李克强总理召开国务院常务会议,要出台加快发展健身休闲产业指导意见,因地制宜发展各项户外运动与电竞等运动。

国家发改委

2016.4《关于印发促进消费带动转型升级行动方案的通知》,在做好知识产权保护和对青少年引导的前提下,以企业为肢体,举办全国性或国际性电子竞技游戏游艺赛事活动。

随着政策不断松绑,社会态度对电子竞技态度更加开放,中国电竞市场规模逐年增长,赛事不断增加,电竞行业不断细分。

教育部

2016.9《普通高等学校高等职业教育(专科)专业目录》,增补添加了"电子竞技运动与管理"专业。

2018年,河北传媒大学和山东体育学院新增"电子竞技运动与管理"专业。

文化部

2017.4《文化部"十三五"时期文化产业发展规划》提出推进游戏产业结构升级,推动网络游戏、电子游戏等游戏门类协调发展,促进移动游戏、电子竞技、游戏直播、虚拟现实游戏等新业态发展。

2018年,电竞产业融资出现爆发,直播行业融资最多。

图 1-16　我国各部委电竞产业政策推进

1.4　电竞产业中的人

泛娱乐环境下电子竞技产业的蓬勃发展也激发了产业对电竞人才的巨大需求。2019 年 7 月,人社部发布的《新职业——电子竞技员就业景气现状分析报告》显示,目前我国只有不到 15% 的电子竞技岗位处于人力饱和状态,未来五年,我国电竞人才需求量近 350 万人。为了规范和引导电竞行业的健康可持续发展,人社部、市场监管总局、统计局于 2019 年 4 月 1 日正式面向社会联合发布了 13 个新职业,电子竞技员、电子竞技运营师两个新职业位列其中。官方的认可对电子竞技产业的未来发展虽能形成重要推动力,但目前泛娱乐环境下电子竞技产业的商业模式、行业规范、赛事体系仍然处于一种探索阶段,支撑整个产业发展的教育体系、产教融合发展、教育目标与教育理念等尚处于起步摸索阶段,不可避免会出现各种问题,亟须得到规范。

此外,在青少年群体中,包括电子竞技在内的网络游戏发展势头强劲,表现出巨大的受众覆盖力和广泛的文化沁入力。其高趣味、低门槛、低成本特征极大地占用了青少年玩家的业余时间,对传统体育运动形成显著替代,特别是自控能力弱的青少年严重沉迷其中不能自拔。电子竞技赛事衍生出直播网红、博彩等新兴产业形态,内容低俗、暴力,容易引发青少年产生一系列社会问题。

必须看到,由于对电子竞技行业缺乏充分的认识,相关的政策法规、管理制度仍未有效建立,目前的电子竞技行业实际上仍处于一种野蛮生长的状态。因此,关注电竞市场主体,关注电竞行业从业者和消费者,立足于推动电竞产业高质量发展进行研究具有重要意义。

第 2 章
上海电竞产业发展

2017 年 12 月，上海市政府发布了《上海市"十三五"时期文化改革发展规划》，强调了要将上海打造为"电竞之都"的战略构想；两年后，上海又出台了促进电子竞技产业健康发展的 20 条意见，提出力争在 3 至 5 年内，将上海全面建成"全球电竞之都"；未来上海更是积极顺应数字产业化和产业数字化发展趋势，进一步推动建设"全球电竞之都"目标。

2.1　上海电竞发展历程

电竞在国内刚刚兴起的时候，北京曾是电竞中心，但由于受政策影响，电竞发展逐渐从北向南偏移，在北京诞生的一批电竞赛事、俱乐部、厂商也都纷纷来到了上海。静安区灵石路就因其历史渊源和成本优势，天然地集聚了一批电竞头部企业，如香蕉游戏传媒、网映文化、量子体育等。2018 年以来，在北京、杭州、成都、深圳等城市催生了一批电竞赛事、厂商、俱乐部，这些城市纷纷展现自己的优势和潜力，都尝试把自己打造成电竞中心。但上海凭借其在经济、文化、交通、设施、游客等方面的优势，发展电竞产业有得天独厚的基础，聚集了国内绝大部分的电竞赛事、俱乐部、厂商，迅速拉开了与其他城市的差距。

2.2　上海电竞产业整体现状

2.2.1　上海电竞产业市场规模

2016—2019 年上海电子竞技游戏市场规模逐年增长,其中 2016 年至 2017 年发展最快,市场规模实现了倍增,此后保持平稳增长,预计 2020 年上海电子竞技游戏市场的规模将达到 190 亿元。根据伽马数据预测,2020 年上海电竞产业收入主要来自直播、赛事收入与俱乐部收入,仅直播收入占到电竞产业的 45%,赛事紧随其后占整体收入的 30%。

图 2 - 1　2016—2020 年上海电竞游戏市场发展规模及增速

数据来源:伽马数据(CNG)

图 2 - 2　2020 年上海电竞产业收入构成①

数据来源:伽马数据(CNG)

---

①　1. 赛事收入指赞助商、版权费、门票销售等赛事主要收入;2. 游戏收入指电子竞技类游戏创造的收入;3. 直播收入指直播平台中游戏类直播创造的收入;4. 俱乐部收入指奖金分成、商业代言、品牌赞助、赛事版权分成以及周边产品等电竞俱乐部相关收入;5. 其他指场馆、电子竞技教育、政府扶持等其他方面受益。

2.2.2　上海电竞产业政策落地成效

> **上海市**
> - 2017.12《关于加快本市文化创意产业创新发展的若干意见》
> - 2018.5　《全力打响「上海文化」品牌加快建成国际文化大都市三年行动计划（2018—2020年）》
> - 2018.11 全球电竞之都建设相关工作规划
> - 2018.11《上海市电子竞技运动员注册管理办法》
> - 2019.6 促进电子竞技产业健康发展20条意见（简称"电竞20条"）
> - 2020.2 《上海市全力防控疫情支持服务企业平稳健康发展若干政策措施》
> - 2020.9 《电子竞技直转播技术管理规范》《电子竞技直转播平台管理规范》

图 2 - 3　2017—2020 年上海市电竞产业相关政策

2017 年以来上海市出台了一系列政策促进电竞产业发展,随后上海各区也在短时间内推出了促进电竞发展的一揽子政策。如浦东新区率先提出打造"上海电竞产业发展核心功能区",明确提出"支持电竞原创内容的输出,根据企业落地的情况和产生的效应,扶持金额将不设上限";静安区将已经形成电竞产业集聚效应的灵石路地区定位成"灵石中国电竞中心",从完善政策保障、聚焦重点领域、落地电竞赛事、优化企业服务等多维度发力;普陀区的优惠政策内容涵盖电竞全产业链,扶持方式包含给予从电竞场馆建设、平台建设到领军企业开办、战队俱乐部运营的资金资助。

从上海电子竞技发展情况来看,上海已经成为中国电竞之都,并稳步向世界电竞之都发展。目前上海集中了全国 80％以上的电竞企业、俱乐部、战队和直播平台,电子竞技场馆数量约 35 家,上海知名电竞俱乐部占全国 48.7％,全国每年 500 多项具有影响力的电竞赛事中,逾 40％在上海举办。

在优化产业服务方面,上海引进电子竞技运动协会为区域电竞产业高地建设奠定基础,电竞协会在运动员注册、裁判员培训、电竞比赛等诸多领域推动产业的规范发展。充分发挥协会作为产业发展的服务平台,集聚更多资源,扩大产业规模,助力上海电竞快速发展。组织市内重点电竞企业参加 2019 年第二届长三角文博会,为电竞企业融入长三角一体化发展提供舞台。

在支持跨界合作方面,随着电竞产业的不断发展、市场的不断扩大,各行业对产业未来的发展充满信心,跨领域合作内容日益丰富。如促进路易威登与拳头游戏展开合作,生产电竞周边产品,促进部分商场与电竞产业融合发展。静安大悦城已经成为动漫、电竞爱好者心中的 IP 圣地,大量电竞周边产品、配套商业进驻,为线上流量的导流提供载体,促进电竞衍生行业发展,提升电竞产业的商业价值。

在建设世界电竞之都的过程中,上海在产业同质化竞争、电竞产业数据统计、电竞运动员待遇、外籍运动员的工作交流、电竞游戏版号等方面还存在很多需探索解决的问题。

2.3　上海电竞产业基本面分析

2.3.1　上海电子竞技企业空间分布

目前,上海市电子竞技企业核心面积显著扩大,横跨上海 10 个行政区域。聚集核心的范围内涵盖了复旦大学、同济大学、华东理工大学、华东师范大学、上海外国语大学、上海理工大学等多所高校,地处多条铁路交通枢纽。与此同时,上海市电子竞技企业在核心聚集的同时开始呈向外扩散态势,2018 年分布电子竞技企业最少(电子竞技企业分布数量最少)的青浦区也有 9 家企业入驻。新增的上海市中小型移动端开发企业开始逐步向金山区、奉贤区等郊区扩散,原聚集核心外围的闵行区与奉贤区开始形成聚集中心。

2.3.2　上海电子竞技企业产业聚集方向

宝山区、普陀区、静安区、长宁区、徐汇区、闵行区、奉贤区是上海电子竞技企业从南到北扩展的主要方向。目前上海市区域内呈现出四个热区,依据热区范围从大到小依次为闵行区紫竹科学园热区、徐汇区肇嘉浜路热区、嘉定区兰天企业发展工业园热区、普陀区天地软件园热区。热区所显示范围是上海市高资本企业的聚集领域,其中热区等级最高的是徐汇区肇嘉浜路热区,注册资本达到 24 273.45 万～30 871.17 万。以下将从交通环境、周边经济发展状况、高等院校、政策支持四个维度阐述上海市各个电子竞技产业资本集中热区的特点。

1. 闵行区紫竹科学园热区

紫竹科学园是四个热区中范围最大的聚集区，在交通上东西向为剑川路、东川路、江川路，是连通市中心的主干道，周边有30多条公交路线全天运营，交通便利。周边产业经济发达，园区目前入驻了英特尔投资中国区总部、微软亚洲工程院上海分院、上海迅易网络技术有限公司和上海交大汉芯科技有限公司等多个IT软件研发公司。园区内规划有7000亩的大学园区，上海交通大学、华东师范大学和台湾新竹交大上海工业研究院均在园区设立研发与产业区。园区由上海紫江有限公司、上海交通大学与上海市闵行区人民政府出资共同建设，在政策上为企业提供科学园区的多项税务优惠与产业扶持，以及项目审批、建设规划、人力资源和融资等一站服务。

2. 徐汇区肇嘉浜路热区

肇嘉浜路热区是资本等级最高的电子竞技产业聚集区，地处徐汇区主要交通干道，邻近复旦大学，距徐家汇商圈约1.2公里。在经济发展上，作为上海市较早完成旧城改造的中心城区之一，该区域人口密度大，高新技术业、文化娱乐业发达，重点发展电子信息技术类高新产业，对高资本电子竞技企业的聚集吸引力巨大。

3. 嘉定区兰天企业发展工业园热区

兰天企业发展工业园地处由沪嘉浏高速、沪宜公路、翔江公路、翔浏公路构成的交通网络中心，由南翔铁路编组站为园区提供专业运输服务。在经济上嘉定区汽车产业链发达，区域内第二产业比较集中，是热区范围内电子竞技企业最少的聚集区，电子竞技产业基础相对薄弱。但近年来由于区政府对电子竞技的政策支持，该区域开始创新实践"商业＋电子竞技"的新型发展模式，电子竞技类高新企业迅速扩展，聚集热区涵盖南翔高科技产业园区、嘉好科技园、OTT电子商务孵化园等多个高新园区。

4. 普陀区天地软件园热区

普陀区天地软件园邻近沪宁、沪嘉高速公路，距虹桥机场7公里，步行至轨道交通 13 号线仅五分钟，交通便利。在经济上主要发展软件产业，打造以软件开发为核心辐射周边互联网企业和硬件制造企业的产业链条。园区临近华东师范大学、华东政法大学。普陀区政府为打造以电子竞技为核心的泛娱乐文化中心，引进 IMBA 电子竞技赛事品牌定期举办线上线下的比赛活动，为建成以赛事为核心的电子竞技生态圈提供了政策支持。

2.3.3　上海电子竞技企业产业集聚影响因素

文化产业的区位选择与产业基础设施、交通便利性、房租地价、高等院校、周边经济发展状况及政策支持有密切的关系，电子竞技产业作为新型文化产业的一种新业态，其空间布局也会受到上述指标的影响。但与传统文化产业相比，电子竞技产业集体育竞技、数字信息技术、视听艺术为一体，具有强烈的技术特征和竞技特征，使其空间布局与传统文化产业侧重点有所不同。我们认为，影响电子竞技企业产业集聚的主要因素为以下几个方面：

1. 补贴政策支持

政府的政策规划对企业搭建产业链条、形成产业聚集具有重要的导向作用。企业的区位选址不仅要考虑市场规律的作用，更需要衡量成本与效益在产业扶持政策下对特定空间的影响。上海市为打造"全球电子竞技之都"，于 2017 年 12 月发布了《关于加快上海市文化创意产业创新发展的若干意见》，明确提出要鼓励建设电子竞技赛事场馆，支持国际顶级电子竞技赛事落户，发展电子竞技产业集聚区。并于 2018 年 11 月发布了《上海市电子竞技运动员注册管理办法（试行）》，率先认定电子竞技运动员的"合法"身份。基于上海市电子竞技产业的政策利好，企业与政府积极合作举办电子竞技赛事，吸引俱乐部入驻，上海市电子竞技企业产生了显著的集群效应。

从上海市电子竞技企业演化方向扩展图来看，2006 年电子竞技企业主要聚集分布在徐汇区和浦东新区，随着上海市各行政区出台优惠政策积极吸引电子竞技企业落户，产业开始北向静安区、普陀区，南向闵行区，东北向杨浦区扩展。静安区规划在灵石路打造"灵石中国电子竞技中心"，出台了《上海市静安区促进电子竞技产业发展的扶持政策（试行）》，对原创游戏开发、电子竞技俱乐部及赛事运营类企业进行租购房补贴、装修补贴以及培训费补贴。普陀区建立以电子竞技为核心的"泛娱乐滨水活力区"，出台"3＋5＋X"产业政策，以 EDG、IMBA 传媒为核心引入高端电子竞技赛事品牌。闵行区主要依托上海交通大学，以自身科研优势从电子竞技硬件设施、人才教育和衍生品开发三个方面发展。杨浦区出台了"电子竞技 23 条"给予电子竞技企业经营性扶持，与各大高校对接研发创新，打造文创产教融合基地。上海市各行政区政府出台的优惠补贴政策，降低了电子竞技企业入驻的运营成本，极大地促进了电子竞技企业向园区形成聚集。

2. 信息技术人才

从电子竞技行业发展结构来看，电子竞技产业仍处于发展初期，电子竞技产品开发与经营管理人才缺口巨大。根据腾讯电子竞技截至 2018 年底的调查数据显示，在与电子竞技相关的行业中从业者有 7.1 万人，其中只有 26％的岗位处于饱和状态。

根据上海市电子竞技产业空间演化的规律来看，产业的核心聚集区是以科研院校和科技园为中心向四周蔓延发展的，在四个高资本的电子竞技企业热区中也有三个是依托高等院校而形成。就其成因分析来看，我们认为具有优秀开发能力的人才是电子竞技企业的首要需求。从当今各行业的发展来看，科技与产业消费的关系越来越密切，科技成果能否快速落地、能否满足用户需求成为各国高科技产业持续发展的关键。从现状看，各种新技术最先落地的应用往往也都选择了电子竞技产品。对于电子竞技开发端的企业来说，以高等院校、科研院所雄厚的科研力量为依托，共同打造集开发和产业孵化为一体的研发基地，可以使科研成果迅速运用在电子竞技产品上。同时，对于以赛事策划、硬件设施制造为主的电子竞技上下游产业，为降低运营成本，整合产业资源，也会以开发端企业为核心产生聚集，形成区域内完整的产业链。

3. 赛事活跃程度

电子竞技的竞技水平和赛事举办对电子竞技产业的区位选择影响巨大。电子竞技是人与人之间,运用软硬件设备,通过信息技术所营造的虚拟平台,按照统一的竞赛规则而进行竞赛的体育活动。作为体育竞技项目的一种,其竞技水平的提高对赛事吸纳受众群体、赢得赞助代言、带动衍生产业有重大推力。随着社会经济的发展,体育赛事的文化价值不断凸显,以文化作为城市品牌打造产业中心具有巨大的商业价值。

上海市电子竞技企业的聚集是城市不断承办大型电子竞技赛事和俱乐部竞技水平提升共同作用的结果。在早期魔兽争霸 3 时代,第一支由中国建立的国际电子竞技俱乐部 WE(WorldElite)成立,战队为更接近商业中心和资讯中心,于 2006 年搬至上海,在国内训练赛只能靠战队线下互动的情况下,冠军队伍 WE 吸引了众多俱乐部工作人员前往上海,电子竞技企业在上海市形成了初步聚集。2010 年后,电子竞技企业聚集程度明显提升,随着互联网发展,大量电子竞技视频在优酷、土豆网上播出,“视频＋电商”为电子竞技产业带来了新的增长点。在此基础上,上海市接连承办了 WCG 中国区总决赛、上海高校电子竞技联赛、LOL 全明星赛,以其对电子竞技包容开放的政策态度吸引了大批电子竞技企业。2014 年至 2018 年是上海市电子竞技企业聚集密度提升最大的一个阶段,同时企业聚集区开始向外扩散。随着国际奥委会宣布电子竞技被视作体育项目,以及中国队伍在 TI、LPL 和亚运会等职业赛事上不断取得成果,电子竞技成绩被视作国人骄傲,国内有影响力的电子竞技赛事大多已落户上海,上海市 2017 年举办的电子竞技赛事占全国赛事比例高达41.3%。优秀的赛事承办能力和有影响力的俱乐部吸引了众多企业聚集,上海市电子竞技企业由游戏开发类公司向电子竞技内容制作、俱乐部运营、硬件外设和媒体等整个电子竞技产业链丰富。与此同时,由于直播和手游行业的火热,以及像王者荣耀等 MOBA 类移动端游戏开发制作周期短、回报速度快的特性,上海市开始涌现大量中小型移动端游戏开发公司,受房价租金影响扩散到上海市周边区域。

2.4 上海电竞产业链特征定位

2.4.1 上海电竞产业链发展特征

电子竞技产业包括核心赛事产业和电竞生态产业也即服务于赛事的核心产业链。核心赛事产业指的是以电子竞技赛事为核心的上下游相关产业链,包括了上游的游戏研运商、中游赛事运营方及俱乐部、下游的电竞直播平台等行业。电竞生态产业则指的是服务于核心赛事的相关产业链,主要包括电竞直播、内容制作、电竞大数据、电竞场馆等相关产业。目前在国内众多城市中,上海可以说是当之无愧的电竞之都。从上游厂商到中游赛事、俱乐部、制作公司以及下游的直播平台、周边产品全都聚集在上海,上海也是国内最先完成电竞全产业链布局的城市。上海电子竞技产业链各个环节都有极具代表性的企业,这促进了上海电竞产业链的进一步延伸。上海更是将打造"全球电竞之都"作为目标,把电竞作为打造上海城市文化名片、打响"上海文化"品牌的重点工作之一。

1. 赛事核心产业链

一场传统的赛事产业链的上下游非常明晰,上游研发游戏并授权赛事的举办,运营商代理游戏,中游的赛事运营商承办赛事,电竞俱乐部、选手等参与赛事,内容制作方加工、制作赛事内容,最后由直播平台传送至观众。目前整个赛事产业链,是上游厂商推动、中游赛事为核心、下游直播平台宣传的产业链,最终实现更多的观众在游戏内消费实现产业闭环,因此赛事是整个电竞产业的核心资源,赛事的运营、俱乐部的管理、商业价值的开发也是重中之重。

首先,上海的赛事产业链在游戏研发和游戏运营方面研发能力强,市场占比大。2019年上海自主研发的网络游戏销售收入占全国比例达36.8%。目前上海游戏企业越来越注重提升产品研发的能力,将自主研发作为企业长期的持续发展战略。同时,上海也在积极吸纳全球的研发力量,引入全球性的研发团队,如腾讯在上海建立了分部等。上海本地的龙头企业,如盛大、巨人网络、游族网络、恺英、米哈游等上海本土游戏企业占据了中国重要游戏企业的一半席位。如《球球大作战》的出品方巨人网络，早在 2016 年便围绕旗下手游《球球大作战》进行电竞化尝试。《球球大作战》不仅仅有针对职业玩家的 BPL 职业联赛、塔坦杯精英挑战赛以及全球总决赛等站在金字塔尖的顶级专业赛事，还推出了线上公开赛、城市赛等更下沉的赛事。以及米哈游的《原神》在国产原创游戏中首先实现了开放世界系统，《崩坏 3》的自主研发渲染引擎则实现了在手机平台上提供近似 PC 等主机平台的画面效果。又如研发出游戏《剑与家园》的莉莉丝公司，自 2015 年起莉莉丝便立足于全球移动游戏市场进行产品研发，产品投入普遍较高，研发周期也较长，旗下第二款产品《剑与家园》研发周期约为 3 年，积累了丰富的研发经验，从前期调研、产品研发再到产品测试，莉莉丝均在全球范围内积累了成熟的方法论，这也帮助莉莉丝产出了《剑与远征》《万国觉醒》等全球流水达到数十亿元的头部精品，研发上的积累，使得莉莉丝的产品在美术、玩法等层面均领先于多数同类竞品。2020 年 1 至 5 月这段时间，流水 TOP20 移动电子竞技游戏中上海产品数量占比为 20％，除了《球球大作战》《炉石传说》这两个产品，2019 年上线的《跑跑卡丁车官方竞速版》《灌篮高手—正版授权手游》进一步刺激了上海的移动电子竞技

图 2 - 4
2019 年上海自主研发
网络游戏销售收入状况

游戏市场，依托网络游戏的发展优势，上海打造"全球电竞之都"速度迅猛。

其次，电竞产业链中游是以电子竞技赛事和赛事运营为核心，上海在竞技赛事方面呈现出赛事多、收入占比大的特点。国内重量级电竞赛事几乎都已落户上海，《DOTA2》《英雄联盟》《王者荣耀》等热门电竞游戏均已落地开花，巨人网络的《球球大作战》更已成功举办线上公开赛、职业联赛等赛事，其校园挑战赛也成为首个入选文化部 CEST 中国电子竞技娱乐大赛的移动电竞赛事项目。这些年，上海主办方对电竞赛事专业而又前瞻的操作，改变了不少人心中"电竞只是玩玩游戏"的成见。量子体育 VSPN 在东方体育中心组织承办的王者荣耀职业联赛总决赛中，共调用

了 15 个机位、38 路信号,"顶配"水准甚至超越了同期篮球、足球赛事。最初电竞赛事多以第三方赛事为主,典型的如 WCG、NEST 等。2020 年上海的电竞赛事主要有 2020 英雄联盟全球总决赛、网易守望先锋主场赛、电竞上海大师赛等。上海本地的 IMBA 是一家以游戏电竞赛事为核心的内容分发平台,公司同其他品牌合作多次举办大型电子竞技赛。在赛事运营部分,赛事运营上游负责对接游戏厂商及赞助商,下游要对接媒体及电竞直播、电竞内容制作等公司,同时还要对接俱乐部、解说、经纪公司等各方。在赛前筹备阶段,赛事运营公司需要根据赛事资金需求,通过商务开发、引进赞助商等方式筹集需要的资金,并通过宣传部门对赛事进行推广。在比赛过程中赛事运营公司负责一切活动的开展与组织,如制定比赛的规则,检查设备的完善和竞赛现场突发状况的处理等。腾讯和网易看到了上海在游戏电竞领域愈发重要的地位和核心作用,成立了腾讯上海公司和网易上海公司。腾讯和拳头游戏公司一起成立的腾竞体育也落地上海,成为国内第一家独立运营的电竞赛事公司,致力于把英雄联盟电竞打造成中国最专业、最有影响力和最具商业价值的体育赛事,成为电竞行业的先行者、开拓者和领导者。其余上海服务于赛事运营的本土企业包括香蕉计划游戏、华奥电竞、七煌、戏酷等。

最后,上海的电竞直播平台带来的收入规模大。电竞直播是打通电竞赛事内容和用户的传播渠道,是当今电竞用户了解电竞赛事内容最直接的渠道,电竞直播的出现也为电竞产业带来了最重要的造血通道。随着带宽升级和网络条件的改善,直播平台出现,赛事内容从此可以有效地触达用户,职业选手及电竞人投身主播行业,直播为他们带来了大量的人气及可变现的渠道,扁平化的内容制作模式大幅拉低了内容制作成本,用户通过打赏主播,平台再将打赏与主播分成,完成用户和主播的消费渠道的贯通,而平台通过购买赛事版权及电竞内容,也养活了大批业内从业者。目前,平台同层级之间战争仍然焦灼,但是层级划分已经明显,市场上形成了以斗鱼、虎牙为第一梯队的游戏直播平台。2019 年上半年,虎牙、斗鱼、哔哩哔哩、快手四家直播平台占据近 90% 的主要游戏直播平台游戏开播量(见图 2-5),中国游戏直播市场马太效应进一步加剧。上海从事电竞直播的企业中有熊猫直播、全民 TV、蓝鳍 TV、火猫直播和哔哩哔哩等直播企业,但熊猫直播目前已关闭,因此从企业数量上来说上海电竞直播企业并不多,但得益于电竞赛事在上海举办,电竞直播带来的收入占比规模大。

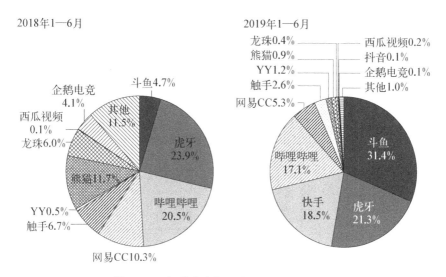

图 2-5　各游戏直播平台开播量占比状况
数据来源:伽马数据(CNG)

2. 服务赛事核心产业链

随着电竞赛事的发展,电子竞技赛事发展出其自有的生态。当用户想参与到电竞生态中去的时候,许多行业应运而生,他们起到了"通道"的作用,打通了用户和电竞赛事的边界,这些生态组成了电竞生态产业链(见图 2-6)。

第一,上海对电竞的监管体系主要包括内容监管和赛事执行监管体系日渐完善。2020 全球电竞大会在上海召开,会上一个全新的国家级游戏产业研究机构——中国游戏产业研究院宣告落地上海,同时,指导电竞赛事进一步规范发展的两个行业新规出台。中国游戏产业研究院落户上海张江国家数字出版基地,由中国音像与数字出版协会设立。业内认为,这个被视作游戏文化产业界"瞭望塔"的前瞻性专业机构,不仅将引领国内游戏行业向更高水平发展,也将带动上海成为资源要素更集聚、创新水平更前沿的电竞产业高地。继去年电竞大会上发布的《电竞场馆建设规

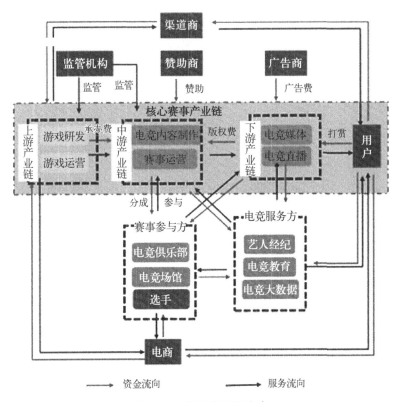

图 2 - 6　电竞产业链生态

范》和《电竞场馆运营服务规范》两项行业标准后,本届电竞大会上再次发布《电竞赛事通用授权规范》《电子竞技直播转播平台管理规范》两个行业新规。其中《电竞赛事通用授权规范》,对于电竞赛事版权通则、权利的授予和行使、商业合作授权、宣传与推广授权、电竞赛事实况直播、转播和赛事授权的监管等进行了明确规定,成为我国电竞行业首个授权类团体标准,一举填补了国内相关的团体标准的空白。而《电子竞技直播转播平台管理规范》,除了对主播和弹幕行为进行监管和审核,还首次发布了对未成年人收看直播的限制规定,建议直播平台应采取有效措施限制未成年人使用与其民事行为能力显著不符的付费服务,如 16 岁以下月充值不超过 200元等。这两份文件对推动我国电竞产业标准化建设,调动电竞产业链各环节企业的积极性,激发电竞市场活力都具有重要意义。同时,也可为上海打造'全球电竞之都',促进上海电竞产业高质、快速、规范发展助一臂之力。

第二,上海赛事参与方主要包括电竞俱乐部、电竞场馆。基于优越的地理位置及产业优势,上海的电竞产业"集群效应"显著,电竞俱乐部有EDG、Snake 等知名俱乐部。2020 年,位于上海的电子竞技俱乐部的收入预计达到 6.7 亿元,占全国电子竞技俱乐部收入的比例达到 49.6％。电子竞技俱乐部的数量方面,位于上海的电子竞技俱乐部占比达 46.7％。上海上亿级融资的电竞俱乐部全部都在上海(见表 2‐1),其中 EDG 俱乐部更是在 2011 年便已成立。此外,电子竞技场馆作为电子竞技赛事以及相关活动的主要承载单位,起到了将线上用户向线下引流的重要作用,是电子竞技产业重要的线下衍生环节。2020 年,电子竞技场馆成为电子竞技产业中受疫情影响最大的部分,为更好地推进电子竞技产业的发展,上海对主要的综合性场馆进行了相关规划,最大程度化减弱疫情带来的影响。2019 年 8 月,由上海市三家市级行业协会制定的团体标准《电竞场馆建设规范》正式发布。经过一段时间的实施,三家协会于 2020 年初开始依据团体标准的具体内容,对上海市范围内的电子竞技场馆进行等级评审。经过公开申报、现场勘查、集中评审等过程,11 家场馆最终获评了不同等级的首批电竞场馆。其中梅赛德斯‐奔驰文化中心、东方体育中心为 A 类场馆;主场 ESP 电竞文化体验中心、静安体育中心为 B 类场馆;666 号馆、网鱼网咖(曹家渡店)、火柴电竞馆、网易暴雪游戏电竞馆、上海静安量子光电竞中心、长泰国际文化中心为 C 类场馆;PandaV 为 D 类场馆。与此同时,上海还拥有风云电竞馆、虹桥天地、上海竞界电子竞技体验中心、上海映霸电竞体验中心等多个电竞专业化场馆,可以承接高规格的电竞赛事、电竞活动及专业培训。

最后对于上海的赛事服务方和赞助商方面来说,电竞的服务方主要包括艺人经纪、电竞教育、电竞大数据。电竞圈艺人经纪公司与传统艺人经纪业务模式相似,负责打通用户到主播、解说的晋升渠道,对艺人进行培训、包装并最终销售至各个直播平台。目前头部电竞圈艺人经纪公司有七煌、乐竞文化传媒、香蕉等,次头部电竞圈艺人经纪公司类似综皇、大神。头部公司目前年营收在 3～5 亿元左右,而次头部的年营收在 1～1.5亿元之间。在电竞教育方面上海还存在很大的不足,人才缺口大。电竞

表 2－1　电子竞技品牌融资概况

融资金额	品牌名称	公司名称	成立时间	所属地	融资轮次	融资时间	融资金额
亿级	EDG电子竞技俱乐部	上海阳川电子科技有限公司	2011/9/2	上海	Pre－A轮	2018/5/47	近亿元人民币
	QG电子竞技俱乐部	上海耀竞文化传播有限公司	2017/5/26	上海	A轮	2018/9/26	近亿元人民币
	FEG电竞	上海埃甫实技网络科技有限公司	2018/7/17	上海	A轮	2018/9/26	近亿元人民币
	HKEsports	香港電子競技有限公司	2013/2/18	香港	A轮	2017/1/4	1 000万美元
千万级	lgd电子竞技俱乐部	杭州艾及帝文化创意有限公司	2015/1/26	杭州	A轮	2017/5/22	3 000万人民币
	YTG电子竞技俱乐部	杭州铭月文化创意有限公司	2016/4/7	杭州	A轮	2016/4/7	千万级人民币
	GK电子竞技俱乐部	深圳市人人体育文化有限公司	2016/8/19	深圳	天使轮	2017/10/20	1 000万人民币
	常奥RW	赤焰狼(常州)电子竞技传媒有限公司	2016/9/6	常州	Pre－A轮	2017/6/7	数千万人民币
	VG电子竞技俱乐部	杭州维稀文化创意有限公司	2017/10/1	杭州	A轮	2012/10/31	5 000万人民币
	LP电子竞技俱乐部	北京炬城文化传媒有限公司	2018/6/20	北京	A轮	2019/3/19	千万级人民币
金额未知	RNG皇族电子竞技俱乐部	上饶市乐游网络科技有限公司	2013/3/29	上饶	天使轮	2018/11/16	金额未知
	AG超玩会	四川全玩家信息技术有限公司	2015/4/17	成都	天使轮	2018/9/25	金额未知
	TFG职业电竞俱乐部	北京电竞时代文化传媒有限公司	2016/2/25	北京	天使轮	2016/3/1	金额未知
	BA电子竞技俱乐部	深圳市黑凤梨电子竞技俱乐部有限公司	2016/7/26	深圳	天使轮	2018/1/2	金额未知

数据来源：企查查

行业最缺的是高层次人才,包括上海体育学院在内,已有 12 所上海院校开设电竞相关专业,而目前开放电竞专业的院校仍以中高职为主,高等院校对电竞产业的关注度远远不够。根据相关报告显示,电竞行业就业人群学历基本集中在高中或中专、大专、本科这 3 个层次,其中占比最大的高中或中专学历,占被调查者总量的 46%,其次大专学历占比 38%。电竞教育另一个领域为职业技能培训,这一部分目前占据市场的 90% 的份额,开设的电竞教育公司较多,上海以七煌教育公司为主。对于赞助商来说,由于上海电竞辐射出巨大的商业热能,赛事广告赞助商从早些年的键盘、外设、能量饮料等不断拓展,目前国内知名的电竞赛事,都受到了传统大公司的青睐,赞助商横跨手机、汽车、食品、服装等多个行业,这也意味着各大企业的广告投放是电竞行业重要的现金流来源之一。

2.4.2　上海在全球电竞产业链中的地位与竞争优势

随着电子竞技进入亚运会、国际电子竞技联合会成立等行业标志性事件的出现,电竞产业愈发成熟,其产业链逐渐完善,商业价值快速提升。然而 2020 突如其来的疫情,让电竞线下赛事陷入停顿状态。停赛不停摆,备受电竞玩家期待的 2020 年《英雄联盟》职业联赛春季赛正以线上的形式如火如荼地进行。上海打造"全球电竞之都"的决心是坚定不移的,电竞之都建设的步伐没有放缓。上海相较于洛杉矶、西雅图、斯德哥尔摩、首尔等一些城市,在头部赛事、头部企业、市场规模、游戏出口等方面还有一定差距。

2019 年《DOTA2》唯一官方性赛事 Ti 连续八年在美国举办后,首次出海在上海举办全球总决赛。本届 Ti9 不仅是一场电竞盛宴,更是上海对外进行文化传播的好契机。它吸引了至少 4 500 名外国观众来到上海,电竞成为了上海吸引年轻一代的新名片。在 2020 年这个特殊时期,上海以强大的安全保障能力和软硬件实力,帮助 S10(英雄联盟全球总决赛)全球性电竞赛事顺利落地并成功举办。上海凭借其在经济、文化、交通、设施、游客等方面的优势,发展电竞产业有得天独厚的基础,聚集了国内绝大部分的电竞赛事、俱乐部、厂商,通过多年的积累,整个产业链上专业人才的储备是最完善的,使得越来越多的国际赛事得以在上海举办。

　　值得一提的是,上海还集聚了一大批电竞头部企业。上海将建立和健全关于电竞产业发展体系,达到量化和标准化,并完善基础设施设备建设,用全力集聚相关资源,努力营造良好电竞圈。最近,上海和国内几个游戏大厂,包括网易、完美、腾讯都正式签订了合约,将启动关于电竞的重点项目。腾讯成立华东总部以来,在上海地区对 AI、云计算、文化创意等领域都大幅增加了投入,并且取得了一些新进展。腾讯电竞六大职业联赛均落地上海,超过 50 家腾讯电竞体系的职业俱乐部也落地了上海。腾讯和上海久事集团达成战略合作,将东方体育中心八万人体育场地认证为腾讯电竞推介场馆。腾讯全力支持上海发展人工智能发展高地,将两个实验室落户上海并助力上海市数字政府建设,打造智慧市场监管平台等项目。国外如完美世界公司将自己的电竞业务线落在上海,拳头游戏亚太地区总部也将落地上海。同时完美世界将电竞业务生态和《DOTA》《CS GO》等重大赛事落户上海并把 AI 等技术有关的探索与上海重点发展的产业联系在一起,用新技术创新打造更好的电竞产业。上海本地的头部企业如量子体育、映霸以及上海华奥电竞也多次承办赛事。量子体育 VSPN 是诞生于上海、成长于上海的独角兽龙头电竞企业,目前已经成长为亚洲领先的电竞运营商,在国内拥有《王者荣耀》《和平精英》等 70％顶级赛事,在国外的迪拜、雅加达等 10 国城市亦有国际顶级赛事举办。映霸传媒(ImbaTV)是一家国内领先并在国际电竞领域具有一定影响力的电竞传媒机构,自办及承办过众多世界顶级电子竞技赛事,而映霸电竞体验中心开创了电竞与商业相结合的全新业态模式,这里将会成为大量顶级电竞赛事的举办地。在赛事举办期间,外场将作为比赛场地,内场则是选手训练的场所。而在休赛期,这里也会定期举办职业战队及游戏主播的线下见面会等活动,并为知名战队和主播提供包间冠名以及明星之墙等专属活动。

　　目前电竞已成为当下最具活力和想象力的产业之一,在体育产业格局中正逐步走向主流化,后续力量如游戏出口、用户规模也在不断增长。从全球范围来看,游戏市场收入不断增长,电子竞技用户规模不断扩大,随着韩国、中国、北美等电竞市场逐渐成熟,电竞迎来了黄金发展期。

　　2019 年,亚太地区的游戏收入达到 784 亿美元,占全球游戏市场收入的 49%,同比增长 9.9%。同年,上海网络游戏收入的 82.5% 为国内市场销售收入,海外市场销售收入约占 17.5%。上海游戏企业的海外拓展步伐加快且在海外积累了一定的用户规模,这也利于未来企业出海业务的进一步探索。目前上海游戏企业海外业务已在文化相近的东南亚地区积累了一定的用户规模与产品影响力,进而开始向日本、韩国、欧洲、北美等市场进行深入拓展。2019 年,上海网络游戏出口收入中,客户端游戏占比约为 17.1%,网页游戏占比约为 6.2%,移动游戏占比约为 76.4%。上海沐瞳科技(Moonton)在东南亚市场最先获得成功,与此同时,网易主装瞄准日本市场,而其他公司像莉莉丝和 Funplus 等选择先在玩家平均消费更高的西方市场投放游戏,之后再转回国内市场进行二次扩张。中国的游戏开发商在手机游戏开发方面的卓越才能享誉全球,西方 AAA 发行商也正在和他们寻求合作,以适应移动市场。

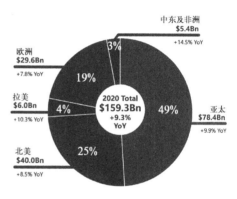

图 2 - 7　2020 年全球游戏市场规模

2019 年全球电子竞技市场规模首次超过 100 亿美元,并拉动了周边 1 000 亿美元的市场——中国已成为电竞人口第一大国,用户将达到 3.5 亿,遥遥领先排名第二的美国电竞市场。2019 年上海移动游戏用户数量达到 2 380 万人,相比于 2018 年基本维持稳定,未来增长潜力有限,上海 PC 网络游戏用户规模达到 1 670 万人,用户增长率出现小幅回升。对玩家和观众来说,在上海既可以享受到更多的优质内容和精彩赛事,又可以更多地参与到建设城市文化氛围的行动中。上海 5G 基站建设位于全国前列,且用户经济水平较高,未来有望借助于 5G 网络的快速普及进一步挖掘出游戏用户以及游戏用户的消费潜力。

截至 2020 年底,全球共有 27 亿玩家,比上一年增加了 1.35 亿。亚太地区拥有 14 亿玩家,占全球所有玩家的一半以上(54%)。东亚(尤其是中国)推动了亚太地区在全球市场中的高玩家占比。美韩引领电竞行业

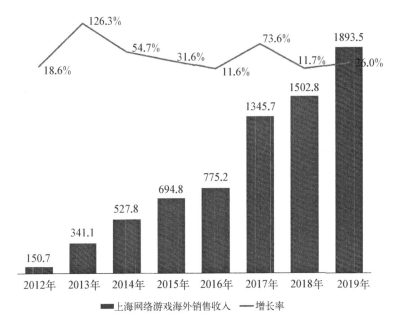

图 2-8 2012—2019 年上海网络游戏海外销售收入

数据来源：伽马数据(CNG)

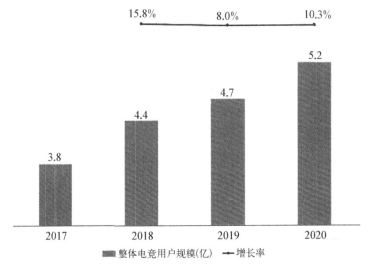

图 2-9 2017—2020 年中国电子竞技用户规模①

数据来源：艾瑞咨询

---

① 图中的用户指有以下一项或多项行为的用户：1.半年内至少观看过或参与过一次核心电竞游戏赛事；2.每周频繁玩核心电竞游戏或观看相关直播。

发展,中国电竞用户规模后来居上。疫情之下,电竞"破圈"的速度也在加快。企鹅智库等机构日前发布的《2020 年全球电竞运动行业发展报告》显示,疫情(防控)期间中国电竞用户新增约 2 600 万,如此庞大的电竞用户将支持上海电竞产业进一步发展。

2.4.3 上海在国内电竞产业链中的地位和竞争优势

2008 年以前,我国电子竞技行业还是一个不被大众所理解的行业,但随着我国电竞行业不断的探索与发展,2014 年 7 月我国战队 Newbee 在美国西雅图赢得了 Ti4 的比赛,从此电竞行业备受瞩目,我国电竞行业也迅速发展起来。目前我国电竞行业已经逐渐成熟,市场规模突破千亿元。在 LPL、KPL 等头部赛事的带动下,电竞已经从上海四散开来,在国内更多的城市生根发芽。北京、重庆、成都、西安……越来越多的城市与电竞的关系更加紧密,电竞赛事、活动、俱乐部、相关企业,在更多的地方完成落地。可以说,经过了 2019 年,电竞已经开始在全国范围内开花结果。但由于国内各个城市和地方参与其中的时间不同、体量不同,造就了上海作为中国"电竞之都"一家独大的格局,在上海已经集聚了全国 80% 以上的电竞企业、俱乐部(电竞企业俱乐部 250 余家),上海的电子竞技产业链在国内呈现出了"一超多强"的格局。

上海在国内电竞产业链中的竞争优势主要突出表现在核心赛事产业链中的游戏研发、赛事举办数量,服务于赛事的产业链优势主要在电竞俱乐部、电竞场馆和电竞人才方面。

2019 年,上海自主研发网络游戏销售收入占全国比例达 36.8%。近年来上海游戏企业研发实力提升显著,除盛趣游戏、巨人网络等老牌游戏企业外,三七互娱、游族网络等企业通过收购完成了研发实力的快速提升,莉莉丝、米哈游、鹰角网络等新兴的移动游戏企业也在持续打磨自身的研发实力,并产出了代表性自研产品,将自主研发作为企业长期的持续发展战略。同时,上海也在积极吸纳全球的研发力量,引入全球性的研发团队,如腾讯便在上海建立了分部。

由体坛电竞发起制作,虎牙直播提供数据支持的《2019 中国电竞城市

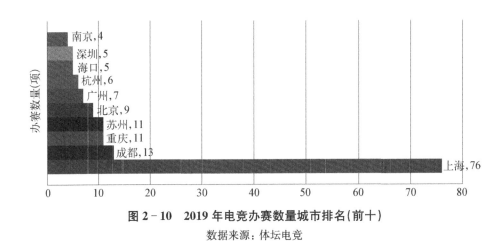

图 2 - 10　2019 年电竞办赛数量城市排名(前十)

数据来源:体坛电竞

发展指数》中指出,2019 年电竞赛事举办数量排名前十的城市中上海以76 项赛事排名第一。2020 年,越来越多的电竞赛事和项目落户上海。2020 年受疫情的影响,国内电子竞技赛事多采用线上赛事的形式,上海是全球疫情期间首个启动电竞线上赛事的城市,上海电子竞技赛事收入有明显的增长。电竞赛事数量和收入使得上海在全球电竞产业链中的地位稳步上升,而这些赛事选择在上海举办的原因主要有以下几种:第一,相比于国内其他地区,上海近年来对电竞发展最重视、支持态度最积极,政府对电竞行业的深度理解,助推了产业的强大执行力和精细化服务;第二,举办赛事所需的设备在资源配备上来说,上海作为中国四大一线城市之一,在媒体、院校资源、赛事主办方都手握比较强大的资源。上海通过与三大运营商在全球范围内优先布局 5G 网络,为产业链各环节提供更好的基础设施保障;第三,上海具有丰富的赛事举办经验,上海其实早就是中国电竞的集聚地,英雄联盟职业联赛、KPL 职业联赛、DOTA 亚洲赛都选择了在这里举行;第四,最重要的是上海的网络足够好,任何的线上比赛网络都是至关重要的一环,影响着整个赛事的公平性;最后,上海在活动申请方面商业化程度也很高,流程没有那么复杂,这使得越来越多的赛事选择在上海举办。

上海电竞俱乐部在全国保持优势地位主要表现在数量、收入和俱乐部价值上。首先,上海电竞俱乐部数量占全国的 48.7%,相当于一半的俱

乐部在上海。并且 2020 年位于上海的电子竞技俱乐部的收入预计达到 6.7
亿元,占该年全国电子竞技主要俱乐部收入的比例达 46.7%。在 2020 年中
国电子俱乐部价值榜 TOP50 中,一半的俱乐部分布在上海(见图 2-11)。

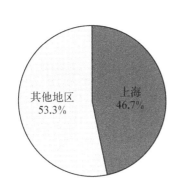

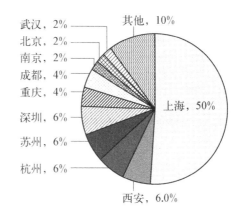

图 2-11 2020 年主要电竞
俱乐部分布情况

数据来源:伽马数据(CNG)

图 2-12 2020 年中国电竞俱乐部价值榜
TOP50 所在城市分布

目前国内影响力排名较前的电子竞技俱乐部,如 EDG、Snake、BLG
等,约半数总部都设立在上海地区,在电竞产业的发展初期就形成了良好
的电竞氛围(见图 2-12)。在电竞产业发展初期,电竞产业发展较好的地
区主要集中在内陆地区,如重庆和成都。上海连续推出产业扶持政策,加
大电竞人才培育及场馆建设,构建上下游完整产业链,为打造"全球电竞
之都"持续发力。较好的产业环境、广阔的市场等,使电竞俱乐部在上海
的数量也持续增长。

上海电竞用户多,职位需求大,并且电竞产业教育也逐渐完善。电竞
用户排名前十的城市中上海排名第一。从各城市电子竞技相关职位数量
分布的情况来看,上海对于电子竞技相关人才需求占比排名最高,占比达
21.0%,其后依次是深圳、广州和北京,这四个一线城市集中了超过六成的
人才需求(见图 2-13)。从人才需求的类型方面来看,目前上海电子竞技
企业需求量最多的是电子竞技赛事服务类的人才,其相关职位数量占比
超过 40%,其次是电竞游戏开发类的人才。电竞作为新兴的产业,在专业

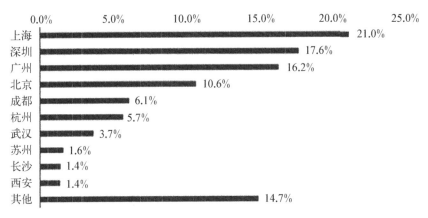

图 2－13　中国各城市电子竞技相关职位需求分布

数据来源：伽马数据(CNG)

人员培养方面缺乏经验,因此当前中国市场的电竞专业人才素质参差不齐。缺乏专业性的电竞专业人才将影响电竞赛事质量和吸引力,降低观赛者的参与度,阻碍赛事知名度和专业型电竞馆企业品牌的提升。作为中国常住人口第二多的城市,上海针对电竞用户多、职位需求大制定了相关政策以满足需求。上海拥有的高校数量跻身全国前五,基数巨大,且与电竞产业息息相关的人口众多,成就了上海成为中国电竞的最大市场与最高舞台。其中,杨浦区教育资源丰富,已积极推动各高校增开电竞相关专业,加大电竞人才培育,七煌原初学院(原七煌电竞学院)是国内首家电竞教育培训机构。上海市校园电子竞技运动协会是在"上海文创 50 条"提出加快"全球电竞之都"建设的大背景下,由市科技艺术教育中心、上海市大学生体协、上海市中学生体协、完美世界、腾讯科技、拳头科技等单位发起成立的。第一批会员单位还包括复旦大学、上海财经大学在内的全市 30 多所高等高职院校。未来,协会将在市教委、市文旅局等部门的领导和指导下,积极整合各界资源,牵头开展电竞人才培养、高校联赛、两岸青年交流和校园文创活动等一系列工作,推动本市校园电竞运动规范有序发展。

第 3 章
上海电竞人才高地建设

研究表明,建设全球城市的关键在于创新和人才,"全球电竞之都"无疑需要吸引和集聚全球优秀的电竞人才,从而形成国际电竞人才高地,国际电竞人才高地的形成反过来又会推动电竞产业的发展和繁荣。在这样的背景下,构建国际电竞人才高地评价指标体系,对上海"全球电竞之都"的人才资源状况进行综合评价分析是具有必要性和可行性的。

3.1 人才高地及其评价指标体系框架

3.1.1 人才高地研究综述

全球城市的兴起改变了世界各国竞争的重心,国家之间的竞争逐渐演变为全球城市之间的竞争。改革开放以来,上海始终以开放的姿态融入全球分工体系,"全球城市"的建设目标也在城市规划几经修订之后逐渐清晰。《上海市城市总体规划(2017~2035)》明确提出引领上海成为卓越的全球城市,建设令人向往的创新之城、人文之城和生态之城。2017年提出的"全球电竞之都"正是对这一总体目标的回应和落实。所谓国际电竞人才高地,即汇聚了一定数量和规模的世界一流的电竞人才和以这些人才为核心的人才群体、能够引领全球电竞产业发展的人才密集区。国际电竞人才高地是上海打造"全球电竞之都"的必要条件和必然结果。

　　1）定性研究

　　一是人才高地的内涵研究。人才高地概念从 1994 年提出以来,在内涵研究方面不断被深化和拓展。最初人才高地是指人才高度集聚、人才流动合理、比较利益显著、成才概率最大、知识产权最有保障的国际人才交流中心,包括国际化的人才集聚中心、全球化的人才信息中心、市场化的人才配置中心、产业化的人才教育和培训中心。人才高地是人力资源理论中"人才"概念和地理学上"高地"概念相结合的产物,是指相对于经济空间场内某一参照系,因人才流动与聚集所形成的智力高势能区域,是经济社会系统演化与人才的自我价值实现共同作用所表现出的人才资源"极化现象",是人才集中居住之地、交往集散之地、倾心向往之地、价值实现之地。有的学者将人才高地细分为国际级人才高地和国家级人才高地,认为世界级人才高地是指汇聚了一大批世界一流的创新创业人才和以这些人才为核心的人才群体,能够在科技创新、产品研发和产业变革中引领世界潮流的人才密集区;国家级人才高地是指汇聚了一大批国家级和世界级的创新创业人才,能够在世界新一轮科技革命和产业变革中紧跟世界潮流、引领国家潮流、带动国家产业结构转型升级的人才密集区。在人才高地的基础上,学者还提出了全球人才枢纽的概念,全球人才枢纽是指在由人才自由流动基础上建构起来的全球人才网络中,因人才高度集聚形成的对全球人才流动配置、集聚等具有中心功能、关键作用、重要影响的核心节点。人才枢纽与人才高地既有联系又有区别,二者的联系在于人才高地是形成人才枢纽的基础;区别在于人才高地的流向比较单一,主要是人才流入,人才枢纽的人才流向多元,呈网络状,不仅关注吸引集聚,还注重引导辐射;人才枢纽还呈现出良性的新陈代谢,从而避免人才单向流动带来的倦怠性等问题。人才高地的内涵从最初的"人才交流中心"发展为人力资源的极化地、人才密集区再到人才枢纽,内涵不断被深化和拓展。

　　二是人才高地建设的必要性和可行性研究。沈荣华从世界经济重心的转移与人力资源开发利用之间的关系出发,提出大力培育和造就一支适应现代化国际大都市的人才队伍,构筑人才资源高地,已成为上海经济社会发展的首要战略。薄贵利从我国国际高端人才匮乏的角度出发,提出构筑世界人才高地应对世界新一轮科技革命和产业变革的迫切需要,是落实国家重大发展战略、实现经济社会转型升级的必然要求,是创造国际竞争新优势、赢得国际竞争主动权的重大举措,也是加快建设人才强国的题中应有之义。杨雪纯从产业集聚与人才集聚的关系出发,指出高层次人才的集聚对区域经济发展具有推动作用,高层次人才的集聚对科技创新有促进作用。

三是人才高地建设的路径与对策研究。学界对于人才高地建设的路径和方法研究是定性研究里的主流,主要研究方向包括:一是从人才高地评价指标体系出发提出对策和建议。《上海构筑国际人才高地对策研究》从国际人才高地评价指标体系出发,确立了上海构筑国际人才高地的目标和战略思想,并提出实现政府人事职能重大转变、适应国际化的行政措施;坚持以人才资源能力建设为主题,加大本土人才国际化素质的培养力度;采用产业引进等模式,大力吸纳高层次急需人才,特别是海外专家;抓住当前时机,采取有效措施,启动留学人员“万人回归工程”;创造良好氛围,形成一个宽松的国际人才环境;发展“人才租赁”,促进现代人才的柔性使用;抓紧建立国际互认的职业资格制度;根据上海“四中心”的定位,在国内率先建立国际人才市场;积极探索和实施生产要素参与分配,实现收入分配逐步向国际水平靠拢;加大同国际接轨的人事政策法规建设。二是通过比较研究提出对策和建议。《人才高地形成发展特点与国际经验研究》从人才高地的内涵、形成发展特点和国际经验出发,提出注重发挥政府政策引导作用、注重制定针对性措施、注重发挥平台网络作用、注重发挥教育基础性作用、注重提升科研基础设施硬环境、营造良好的创新文化等对策和建议。三是从具体战术层面提出对策和建议。《雄安新区人才高地建设的财税政策研究》从财税制度层面、《完善人才制度体系共建长三角人才高地》从人才制度体系、《发挥人事档案在打造人才发展高地中的作用》从人事档案的角度等分别提出打造人才高地的对策和建议。

四是具体产业人才高地研究。人才高地的概念提出之后被广泛接受,表现之一就是这一概念被运用到具体产业人力资源集聚的实践之中。

如《深圳影视产业发展路径研究》一文提出要打造深圳影视人才高地；《西安市文化产业集群形成的基础条件分析》建议西安市应出台一系列配套措施吸引文化产业的高端人才，将西安市打造成全国的文化产业人才高地；《上海集成电路产业人才建设状况分析》指出上海是国内集成电路产业的人才高地，聚集了满足集成电路各个产业环节和技术水平的众多人才，这是上海集成电路产业保持多年快速发展的关键所在，也是上海集成电路产业发展环境的优势，等等。

五是不同区域人才高地建设研究。产业集聚发展与人力资源集聚发展之间的紧密关系让各区域都认识到人才高地建设的重要性，因此学者从我国多个城市群、城市都从本区域的基础和特点出发对其打造人才高地进行了研究。城市群人才高地的研究主要以粤港澳大湾区和长三角城市群为研究对象。《粤港澳大湾区打造世界一流创新人才高地的思考》从大湾区的定位出发，分析了其在人才培养和引进方面的优势和短板，提出突出高端站位、全球视野、市场导向的战略定位，以及建设国际化创新人才高地的行动计划：人才引进应更加注重营造"软环境"；应以市场为导向，深化产教融合；赋予粤港澳三地联合办学更大自主权；赋予技术移民、永久居留、人才住房政策等自主权；唱响"工程师精神"，试点应用型人才培养机制等六条建议。《长三角地区"人才高地建设"谋划》从战略意义、面临的障碍出发，提出应进一步确立正确的人才理念、明确构建长江三角洲人才高地的新目标、积极推进长江三角洲地区人才一体化、创新人才培养模式、着力培育大企业家、规范人才引进的方向和制度六条对策。

2）定量研究

人才高地的定量分析多为对人才指数体系和环境指标体系的构建和运用。这方面的指标体系较多，从定量的角度对人才高地进行具体的、详细的、分类的评价是有难度的。实践中，由于上海在人才高地的建设上已有十几年的经验，人才指标体系的编制已形成；其他城市如南京等地也有对城市吸引力评价指标的运用。借鉴典型城市人才高地建设的经验，常见的人才高地指标体系一般包括：规模性指标、层次性指标、结构性指标、动态性指标、效能型指标。细化之后包括：人才总量、两院院士数、高级职称人员数、高级人才比率、产业人才结构比例,等等(见图 3-1)。还有一些城市直接将人才环境作为衡量城市对人才吸引力的指标,建立了人才环境评价指标体系,以此为导向来达到打造人才高地的目标(见表 3-1)。

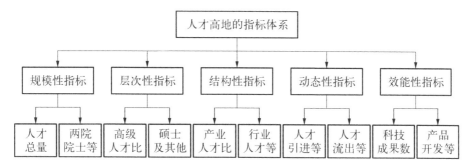

图 3-1　人才高地评价指标体系图

表 3-1　人才环境评价体系

评价目标	子目标	评价指标	评价指标解释
人才环境	人才市场环境	人才流量指数	流动从业人数/在职职工数
		政府招聘公开指数	公开招聘人数/招聘总人数
		人才自由流动指数	调出与单位无纠纷人数/调出人数×10 000
		外地人才引进指数	引进人才数/在职职工数×10 000
		人才中介从业人员指数	每万人中的人才中介从业者人数
		人才市场中的违法指数	受非法侵害求职者/求职者总数×10 000
		回国留学生指数	回国留学生人数/在职职工数×10 000
		人才配置指数	在职闲置人才数/在职职工数×10 000
	经济环境	人均 GDP	人均创造城市地区财富
		持续经济增长率	在几年内 GDP 综合增长率
		职工工资指数	在职职工一年内的平均工资
		恩格尔系数	食品支出/收入

续　表

评价目标	子目标	评 价 指 标	评 价 指 标 解 释
人才环境	文化环境	价值取向指数	社会价值观
		创新精神指数	创业观念和意识
		创新氛围指数	创新的社会环境
		交往操守指数	交往守信程度
	社会环境	社会保险覆盖率	参加社保人数/在职职工数
		社会安全指数	每万人刑事发案率
		社会教育指数	社会教育占 GDP 比重（%）
		社会人才指数	大专以上文化程度人口比重
		行政机构办事效率	政府官员的官僚主义程度
		人才创业服务满意指数	对创业服务综合满意程度
	生活环境	住房指数	人均居住面积（m^2）
		房价指数	商品房平均价格
		交通道路指数	人均拥有铺装道路面积（m^2）
		交通车辆指数	每万人拥有公共汽车（台）
		文化设施指数	人均图书占有量
		医疗设备指数	每万人拥有病床数
	自然环境	空气质量指数	每平方公里二氧化碳排放量
		水源质量指数	工业废水排放达标率
		城市绿化指数	人均绿地面积（m^2）
		地理位置	城市区位的天然方便程度

　　尽管国内对人才高地建设日渐重视，理论运用于实践的案例也日渐增多，但明显存在的缺陷有两个方面：一是人才环境评价指标的确定和检验是否合理，运用是否有针对性，仍值得商榷；二是逢人力资源开发必言

人才高地的趋势日渐凸显。人才高地是人力资源聚集后形成的智力高势能区，相对苛刻的现实条件是形成人才高地的基础。因此人才的吸引、培养和管理需因地制宜。人才高地建设的研究也需立足实际，而不是仅停留在宏观设计和构建蓝图上。

3.1.2　上海国际电竞人才高地评价指标体系框架

本研究报告在借鉴上海人才高地评价指标以及其他城市人才高地评价指标的基础上，依托层次分析法的阶梯层次结构模型，按照"目标层—准则层—指标层"从上至下的层次结构来构建评价指标体系，将上海国际电竞人才高地评价指标体系分为系统层、要素层和指标层，其中系统层又分为人才环境、人才结构、人才素质、人才开发、人才流动 5 个维度，包含经济环境、政策环境、产业环境、文化环境、数量、年龄、专业分布、学历、能力、创新力、国内教育、国际教育、职业培训、中介机构、开放广度、开放深度 16 个要素，共同构成了一个综合多元的评价指标系统。

系统层的五大系统要素基本涵盖了人才资源工作的多个维度：人才环境系统主要是指国际电竞人才高地赖以生存和发展的环境系统，人才结构系统和人才素质系统主要是考察国际电竞人才高地的人口学特征，人才开发和人才流动系统主要是考察国际电竞人才高地的潜力和活力，三者之间紧密联系又互相支撑。

准则层的 16 个要素则是从五大系统的内涵和外延出发，尽可能全面而有代表性地反映五大系统的核心内容和关键指标，从而达到科学严谨、客观准确地评价上海国际电竞人才高地建设情况的目的。

3.2　上海电竞人才高地评价指标体系

3.2.1　上海国际电竞人才高地评价指标体系确定的原则和方法

1. 确定评价指标体系的原则

首先是普遍性和独特性统一的原则。自上海 1994 年提出建设人才高地以来，人才高地的概念已经广为接受，人才高地的评价指标体系在理论和实践层面取得了实质性进展。国际电竞人才高地与人才高地的评价指标体系肯定有共性,但是又具有本行业的特殊性,在构建国际电竞人才高地评价指标体系的时候应该充分考虑普遍性与独特性统一的原则。

其次是严谨性与易获取性统一的原则。严谨性是指评价指标既包括定性指标又包括定量指标,这些指标应该通过官方统计数据库或者文献调研、实地调研等方式获取有效数据,严格控制数据的获取渠道和真实可靠性。同时还要兼顾指标数据是否能够相对容易地获取,从而能够全面有效地衡量评价国际电竞人才高地。

再次是适度超前的原则。电竞产业是一个新兴的产业,其发展非常迅猛,对于国际电竞人才高地的评价也应该本着适度超前的原则,设置的指标和要素能够适用于一个较长时期的考察和评价体系。

2. 确定评价指标体系的方法

本研究报告采用的主要方法为专家打分法、层次分析法和灰色统计法。专家打分法用于初始指标的重要性和易得性的评判,层次分析法用于建立阶梯层次结构,灰色统计法主要用于评价指标的筛选。

3.2.2　上海国际电竞人才高地评价指标体系的初步选取与修正筛选

1. 上海国际电竞人才高地评价指标的初步选取

在总结已有研究成果的基础上,本研究报告初步构建了一个由五大系统、16 个要素和 46 个初始指标组成的评价指标体系,具体如表 3-2 所示。

表 3-2　国际电竞人才高地评价初始指标体系

系统层	要素层	序号	初　始　指　标　层
人才环境	经济环境	1	人均 GDP
		2	人均可支配收入
		3	从业人员平均年收入

续　表

系统层	要素层	序号	初　始　指　标　层
人才环境	政策环境	4	电竞产业政策科学完备性
		5	电竞产业相关法律法规完善度
		6	政府行政效率指数
		7	政府知识版权保护度
	产业环境	8	电竞产业总收入
		9	电竞产业总收入占城市 GDP 的比例
		10	全球数字经济 100 强企业上榜数量
		11	电竞企业国际化能力
		12	电竞产业集中度
	文化环境	13	电竞文化认可度
		14	国际电竞赛事举办率
		15	电竞俱乐部数量
人才结构	数　量	16	电竞产业从业人员数量
	年　龄	17	35 岁以下从业人员占比
	专业分布	18	研发企业从业人员占比
		19	赛事从业人员占比
		20	运营从业人员占比
人才素质	学　历	21	获学士学位人员占从业人员总数的比例
		22	留学归国人员占从业人员总数的比例
		23	在校大学生参与电竞赛事的比例

续　表

系统层	要素层	序号	初　始　指　标　层
人才素质	能　力	24	具有外语交流能力的人员总数(六级以上)
		25	参加国际比赛并获奖的人员总数
		26	参加国内比赛并获奖的人员总数
	创新力	27	行业专利申请数量
		28	创新投入指数
		29	创新产出指数
人才开发	国内教育	30	高校电竞专业设置数量占全国该专业设置数的比例
		31	电竞专业在校大学生数量
	国际教育	32	电竞专业年出国留学生数
		33	学习半年以上的电竞专业留学生数
		34	专业人员年出国短期学习、考察数
	职业培训	35	专业人员年培训率
		36	获得国内专业资质证书人员数
	中介机构	37	人才中介机构数
		38	涉外人才中介机构数
人才流动	开放广度	39	年进沪专业人员数
		40	年离沪专业人员数
		41	电竞从业人员外来人口占比
		42	电竞从业人员外籍人口占比
		43	电竞产业人才引进数量

续　表

系统层	要素层	序号	初　始　指　标　层
人才流动	开放深度	44	户籍获取难度
		45	培训补贴
		46	创业扶持

2. 上海国际电竞人才高地评价指标体系的修正筛选

为了剔除非重要或难以获得的影响因子,作者将 46 项初始指标通过问卷调查的方式请 15 位专家就其重要性和易得性进行打分,其中重要性分为 7 个等级:1 代表"完全不重要",2 代表"基本不重要",3 代表"不太重要",4 代表"不确定",5 代表"有些重要",6 代表"比较重要",7 代表"非常重要";易得性分成 0 和 1 两个等级:0 代表"不易获得"、1 代表"易获得"。问卷(见附件一)回收后分三个步骤展开工作。

(1) 利用白化函数对专家数据进行处理。专家打分总分为 3 689 分,总打分频次 690 次,对专家打分统计分析,专家打分平均值为 5.35 分,标准差为 1.42。

$$5.35 + 1.42 = 6.77 \approx 6.8$$

$$5.35 - 1.42 = 3.93 \approx 3.9$$

因此得出白化函数(见图 3 - 2)。

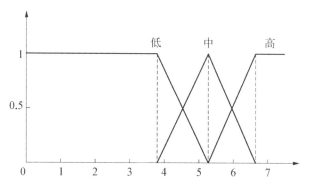

图 3 - 2　国际电竞人才高地评价指标重要程度的白化函数示意图

设 $f_k(ij)$ 为国际电竞人才高地评价指标体系中第 j 项指标且重要性程度为 i 的白化函数值,k 为灰类数,$K=1,2,3$。d_{ij} 为评价指标体系中第 j 项指标且重要性程度为 i 的分值,$f_k(ij)$ 的计算公式如下所示:

第一类"高",$K=1$,其白化函数 $f_1(ij)$ 为

$$f_1(ij) = \begin{cases} 1 & d_{ij} \geqslant 6.8 \\ \dfrac{d_{ij}-5.3}{6.8-5.3} & 5.3 < d_{ij} < 6.8 \\ 0 & d_{ij} \leqslant 5.3 \end{cases} \qquad (3-1)$$

第二类"中",$K=2$,其白化函数 $f_2(ij)$ 为

$$f_2(ij) = \begin{cases} 0 & d_{ij} < 3.9 \\ \dfrac{d_{ij}-3.9}{5.3-3.9} & 3.9 \leqslant d_{ij} < 5.3 \\ \dfrac{6.8-d_{ij}}{6.8-5.3} & 5.3 \leqslant d_{ij} < 6.8 \\ 0 & d_{ij} \geqslant 6.8 \end{cases} \qquad (3-2)$$

第三类"低",$K=3$,其白化函数 $f_3(ij)$ 为

$$f_3(ij) = \begin{cases} 0 & d_{ij} \geqslant 5.3 \\ \dfrac{5.3-d_{ij}}{5.3-3.9} & 3.9 < d_{ij} < 5.3 \\ 1 & d_{ij} \leqslant 3.9 \end{cases} \qquad (3-3)$$

(2) 计算初始评价指标的重要程度及易得性。将 15 名专家对国际电竞人才高地评价指标体系各项指标的重要性程度所作的判断分数进行汇总成表,然后根据公式 $\eta_k(j) = \sum \eta(ij) f_k(ij)$ 计算出决策系数,然后利用上述公式计算出决策向量,进而得出初始评价指标体系中各指标的重要程度,结果如表 3-3 所示。

表 3 - 3　国际电竞人才高地初始评价指标重要性程度以及易得性

系统层	要素层	序号	初 始 指 标 层	决策向量			重要程度	易得性		易得性
				高	中	低		1	0	
人才环境	经济环境	1	人均 GDP	3.47	6.82	4.71	中	13	2	86.67%
		2	人均可支配收入	5.33	5.88	3.79	中	13	2	86.67%
		3	从业人员平均年收入	6.80	5.63	2.57	高	9	6	60.00%
	政策环境	4	电竞产业政策科学完备性	8.40	4.81	1.79	高	7	8	46.67%
		5	电竞产业相关法律法规完善度	8.93	4.28	1.79	高	9	6	60.00%
		6	政府行政效率指数	4.27	5.59	5.14	中	7	8	46.67%
		7	政府知识版权保护度	8.73	5.05	1.21	高	7	8	46.67%
	产业环境	8	电竞产业总收入	9.73	4.34	0.93	高	10	5	66.67%
		9	电竞产业总收入占城市 GDP 的比例	8.80	5.56	0.64	高	9	6	60.00%
		10	全球数字经济 100 强企业上榜数量	6.20	5.73	3.07	高	9	6	60.00%
		11	电竞企业国际化能力	7.40	4.74	2.86	高	4	11	26.67%
		12	电竞产业集中度	8.27	5.30	1.43	高	9	6	60.00%
	文化环境	13	电竞文化认可度	9.80	3.99	1.21	高	3	12	20.00%
		14	国际电竞赛事举办率	10.33	3.45	1.21	高	14	1	93.33%
		15	电竞俱乐部数量	7.80	4.77	2.43	高	15	0	100.00%
人才结构	数量	16	电竞产业从业人员数量	7.80	4.84	2.36	高	9	6	60.00%
	年龄	17	35 岁以下从业人员占比	7.80	6.34	0.86	高	9	6	60.00%
	专业分布	18	研发企业从业人员占比	6.80	5.63	2.57	高	4	11	26.67%
		19	赛事从业人员占比	7.40	5.60	2.00	高	10	5	66.67%
		20	运营从业人员占比	8.33	5.10	1.57	高	7	8	46.67%

续　表

系统层	要素层	序号	初 始 指 标 层	决策向量			重要程度	易得性		易得性
				高	中	低		1	0	
人才素质	学历	21	获学士学位人员占从业人员总数的比例	0.93	2.50	11.57	低	6	9	40.00%
		22	留学归国人员占从业人员总数的比例	0.93	2.35	11.71	低	4	11	26.67%
		23	在校大学生参与电竞赛事的比例	3.27	7.02	4.71	中	9	6	60.00%
	能力	24	具有外语交流能力的人员总数（六级以上）	1.40	3.53	10.07	低	7	8	46.67%
		25	参加国际比赛并获奖的人员总数	8.40	4.74	1.86	高	10	5	66.67%
		26	参加国内比赛并获奖的人员总数	7.40	5.53	2.07	高	12	3	80.00%
	创新力	27	行业专利申请数量	5.27	6.88	2.86	中	8	7	53.33%
		28	创新投入指数	7.33	5.81	1.86	高	4	11	26.67%
		29	创新产出指数	6.87	6.06	2.07	高	3	12	20.00%
人才开发	国内教育	30	高校电竞专业设置数量占全国该专业设置数的比例	5.33	4.45	5.21	高	10	5	66.67%
		31	电竞专业在校大学生数量	5.80	4.13	5.07	高	8	7	53.33%
	国际教育	32	电竞专业年出国留学生数	0.93	6.07	8.00	低	4	11	26.67%
		33	学习半年以上的电竞专业留学生数	0.93	5.28	8.79	低	5	10	33.33%
		34	专业人员年出国短期学习、考察数	2.40	5.81	6.79	低	7	8	46.67%
	职业培训	35	专业人员年培训率	3.80	8.06	3.14	中	7	8	46.67%
		36	获得国内专业资质证书人员数	3.87	9.20	1.93	中	8	7	53.33%
	中介机构	37	人才中介机构数	2.40	5.74	6.86	低	9	6	60.00%
		38	涉外人才中介机构数	2.40	6.53	6.07	中	7	8	46.67%

续　表

系统层	要素层	序号	初 始 指 标 层	决策向量			重要程度	易得性		易得性
				高	中	低		1	0	
人才流动	开放广度	39	年进沪专业人员数	4.33	6.74	3.93	中	7	8	46.67%
		40	年离沪专业人员数	4.33	5.24	5.43	低	8	7	53.33%
		41	电竞从业人员外来人口占比	2.40	5.74	6.86	低	7	8	46.67%
		42	电竞从业人员外籍人口占比	1.40	5.89	7.71	低	7	8	46.67%
		43	电竞产业人才引进数量	5.87	6.20	2.93	中	10	5	66.67%
	开放深度	44	户籍获取难度	2.47	4.10	8.43	低	5	10	33.33%
		45	培训补贴	5.33	3.02	6.64	低	9	6	60.00%
		46	创业扶持	5.33	4.45	5.21	高	9	6	60.00%

（3）剔除不符合要求的指标。评价指标综合考量重要性和易得性两个维度，最终选取重要性为"高"并且易得性在40%以上和重要性为"中"并且易得性在50%以上的评价指标。是否选取项中标记为"是"的指标表示被选取，标记为"否"的指标表示被剔除，结果如表3－4所示。

表3－4　国际电竞人才高地初始评价指标体系的灰色统计分析及易得性评价

系统层	要素层	序号	初 始 指 标 层	重要程度	易得性	是否选取
人才环境	经济环境	1	人均 GDP	中	86.67%	是
		2	人均可支配收入	中	86.67%	是
		3	从业人员平均年收入	高	60.00%	是
	政策环境	4	电竞产业政策科学完备性	高	46.67%	是
		5	电竞产业相关法律法规完善度	高	60.00%	是
		6	政府行政效率指数	中	46.67%	否
		7	政府知识版权保护度	高	46.67%	是

续　表

系统层	要素层	序号	初　始　指　标　层	重要程度	易得性	是否选取
人才环境	产业环境	8	电竞产业总收入	高	66.67%	是
		9	电竞产业总收入占城市 GDP 的比例	高	60.00%	是
		10	全球数字经济 100 强企业上榜数量	高	60.00%	是
		11	电竞企业国际化能力	高	26.67%	否
		12	电竞产业集中度	高	60.00%	是
	文化环境	13	电竞文化认可度	高	20.00%	否
		14	国际电竞赛事举办率	高	93.33%	是
		15	电竞俱乐部数量	高	100.00%	是
人才结构	数量	16	电竞产业从业人员数量	高	60.00%	是
	年龄	17	35 岁以下从业人员占比	高	60.00%	是
	专业分布	18	研发企业从业人员占比	高	26.67%	否
		19	赛事从业人员占比	高	66.67%	是
		20	运营从业人员占比	高	46.67%	是
人才素质	学历	21	获学士学位人员占从业人员总数的比例	低	40.00%	否
		22	留学归国人员占从业人员总数的比例	低	26.67%	否
		23	在校大学生参与电竞赛事的比例	中	60.00%	是
	能力	24	具有外语交流能力的人员总数（六级以上）	低	46.67%	否
		25	参加国际比赛并获奖的人员总数	高	66.67%	是
		26	参加国内比赛并获奖的人员总数	高	80.00%	是

续　表

系统层	要素层	序号	初　始　指　标　层	重要程度	易得性	是否选取
人才素质	创新力	27	行业专利申请数量	中	53.33%	是
		28	创新投入指数	高	26.67%	否
		29	创新产出指数	高	20.00%	否
人才开发	国内教育	30	高校电竞专业设置数量占全国该专业设置数的比例	高	66.67%	是
		31	电竞专业在校大学生数量	高	53.33%	是
	国际教育	32	电竞专业年出国留学生数	低	26.67%	否
		33	学习半年以上的电竞专业留学生数	低	33.33%	否
		34	专业人员年出国短期学习、考察数	低	46.67%	否
	职业培训	35	专业人员年培训率	中	46.67%	否
		36	获得国内专业资质证书人员数	中	53.33%	是
	中介机构	37	人才中介机构数	低	60.00%	否
		38	涉外人才中介机构数	中	46.67%	否
人才流动	开放广度	39	年进沪专业人员数	中	46.67%	否
		40	年离沪专业人员数	低	53.33%	否
		41	电竞从业人员外来人口占比	低	46.67%	否
		42	电竞从业人员外籍人口占比	低	46.67%	否
		43	电竞产业人才引进数量	中	66.67%	是
	开放深度	44	户籍获取难度	低	33.33%	否
		45	培训补贴	低	60.00%	否
		46	创业扶持	高	60.00%	是

　　由表 3-4 可见,被剔除的指标包括人才环境系统中的"政府行政效率指数""电竞企业国际化能力""电竞文化认可度"三项指标,人才结构系统中的"研发企业从业人员占比",人才素质系统中的"获学士学位人员占从业人员总数的比例""留学归国人员占从业人员总数的比例""具有外语交流能力的人员总数(六级以上)""创新投入指数""创新产出指数",人才开发系统中的"电竞专业年出国留学生数""学习半年以上的电竞专业留学生数""专业人员年出国短期学习和考察数""专业人员年培训率""人才中介机构数""涉外人才中介机构数",人才流动系统中的"年进沪专业人员数""年离沪专业人员数""电竞从业人员外来人口占比""电竞从业人员外籍人口占比""户籍获取难度""培训补贴"21 项指标。

3.2.3　上海国际电竞人才高地指标体系的最终确定

　　经过初步选取和修正筛选,上海国际电竞人才高地评价指标体系最终确定,包括五大系统、13 个要素和 25 个指标(见表 3-5)。下一步的工作是利用层次分析法确定每个指标的权重,最终形成上海国际电竞人才高地评价模型。

表 3-5　国际电竞人才高地评价指标体系

系统层	要素层	指　标　层	单位	性质
人才环境	经济环境	人均 GDP	元	定量
		人均可支配收入	元	定量
		从业人员平均年收入	元	定量
	政策环境	电竞产业政策科学完备性	指数	定性
		电竞产业相关法律法规完善度	指数	定性
		政府知识版权保护度	指数	定性
	产业环境	电竞产业总收入	元	定量
		电竞产业总收入占城市 GDP 的比例	%	定量

续　表

系统层	要素层	指　标　层	单位	性质
人才环境	产业环境	全球数字经济 100 强企业上榜数量	个	定量
		电竞产业集中度	%	定量
		国际电竞赛事举办率	%	定量
		电竞俱乐部数量	个	定量
人才结构	数　量	电竞产业从业人员数量	人	定量
	年　龄	35 岁以下从业人员占比	%	定量
	专业分布	赛事从业人员占比	%	定量
		运营从业人员占比	%	定量
人才素质	学　历	在校大学生参与电竞赛事的比例	%	定量
	能　力	参加国际比赛并获奖的人员总数	人	定量
		参加国内比赛并获奖的人员总数	人	定量
	创新力	行业专利申请数量	个	定量
人才开发	国内教育	高校电竞专业设置数量占全国该专业设置数的比例	%	定量
		电竞专业在校大学生数量	人	定量
	职业培训	获得国内专业资质证书人员数	人	定量
人才流动	开放广度	电竞产业人才引进数量	人	定量
	开放深度	创业扶持	元	定量

3.3　上海电竞人才高地指标体系应用

加快电竞产业建设,推进上海电竞产业发展,须重视相关人才培养,构筑良好生态，以产教融合为抓手有其必要性。本研究注重协调专业教育与特色实践，梳理并理顺电子竞技产业与高校教育的关系、合作（共建）模式，提出上海打造"电竞之都"的针对性政策和可操作性方案。

因此，为了获得更加科学合理的信息，我们进行了实地调研，对电竞专家（上海电子竞技运动协会理事、上海市电竞教育培训工委会副主任）、电竞俱乐部经理以及电竞选手进行了访谈，并对访谈内容进行整理，指出了电竞人才培养中存在的以下几方面问题：

1. 电竞行业发展与人才储备不匹配

电竞行业的崛起是游戏发展到一定程度的必然结果，是互联网游戏发展了数十年后形成的一个整体性电子游戏呈现出的巅峰阶段，从而产生了相对更加公平且有激烈对抗性质的产物，也就是电子竞技。随着产业政策和行业的发展，电竞的发展必然是越来越好的。电竞虽然是归属于体育象限，但实际上更加偏向文化领域。在我国正在大力发展文化创新/文艺创新的时期，电子竞技其实是站在了风口上，因此包括上海在内的很多地区都在大力发展电竞产业。电竞产业的发展融合了很多其他行业的内涵，产业链非常广，包括上下游营销传播等体系化的建设。在国家政策的推行下，电竞行业很有可能走向规模化、正规化与体系化。但在电竞行业中，人才培养与储备跟不上电竞行业的飞速发展。从 2018 年到现在的 3 年间，电竞已经进入了一个小高峰。但电竞教育的滞后导致这个专业在 2016 年左右才刚起步，即电竞从业者中部分科班出身的专业人才基本是刚毕业的，难以到达比较核心的岗位，而资质较深的核心岗位人才大多数是跨界人才，如直转播技术人才可能是以前影视编导专业或者电视台主播，这些人喜欢打游戏但是又非科班出身，因此人才的匹配性是严重不足的。据统计，电竞产业每年的专项人才缺口在 30 万～50 万。

2. 职业电竞选手发展生涯受限

人才缺口除了出现在文化产业、旅游产业、新闻媒体等这些与电竞产业有较大交融的周边行业外，职业电竞选手的职业生涯也存在较大限制。在电竞行业中人才分成两种：一种是特殊专项人才，也就是电子竞技职业运动员，归属于体育运动；另一种是电子竞技运营师，或者说是非电子竞技职业运动员以外的所有人。两者的关系通常而言就是打比赛的人和服务于打比赛或者说是服务于这个产业的人。对于电子竞技选手来说,一个明确的发展方向就是打职业联赛。但是职业联赛是有门槛的,需要进行层层选拔。首先是有天赋的人才去职业运动俱乐部报名并进行初步筛选(如心理问题、健康体检、手速测试、眼脑协调以及历史成绩等)和考核,通过职业培训快速进入职业运动队进行二线的预赛,通过了就进入一线替补。但是职业运动员生命周期是很短的,一般 5～8 年就退役了,跟不上节奏的话就没办法出成绩。在挑选职业选手的方式中,有一种是通过游戏寻访高段位玩家进入俱乐部进行培训,之后进入二线、一线等。这种方式是目前来说较为合适的,因为目前电子竞技中还没有形成一套体系化的人才选拔机制。而游戏中有一个"天梯"排行的数据是相对真实的,选手的能力是可以在"天梯"排行中反映出来的,在游戏社区里面也是能够看到这部分信息的。寻访到的这些游戏高手进入俱乐部参加海选、筛选和培训,然后代替俱乐部打比赛进入二线、一线替补,慢慢上一线,这样的阶梯成长方式目前来说是可行的。

电竞选手在学习的黄金时间段花大量的时间进行训练。近期央视发布了一条关于电竞选手的视频,展示了电竞选手们日复一日的训练生活。原电竞职业选手姿态说道:"电竞运动员平时的生活其实是十分痛苦的,这些痛苦常人无法感受到。他们平时都是下午一两点起床,吃完饭后便开始长达十一个小时的常规训练。夜里一点之后这些选手还需要进行个人训练,这对于很多普通玩家而言是非常痛苦的过程。曾经有家俱乐部举办了电竞体验营的活动,很多人觉得他们爱玩游戏肯定能够坚持到最后,但是实际情况是报名有几百人,坚持到最后的只有十几个!"。在日复一日的训练中,职业选手们的时间成本十分高昂,他们一般没有很高的学历。专家表示,在电竞协会的一百多个注册运动员中大部分人的学历都是大专,没有达到大专学历的选手协会会帮助其进行成人教育,以便退役后再就业。我们采访的电竞选手也表示日常训练就是和队友有目的性地切磋和打天梯排位,一天训练 12 个小时以上。帮助电竞运动员提升学历,能够为其未来退役去其他相关行业积累文化底蕴。

3. 高校电竞教育与市场脱节严重

上海牢牢抓住人才培养的核心,在 9 家中高职院校和高校开设电竞专业,还将筹建电竞职业培训基地、组建省级代表队。产业相关服务型人才的培养也被同步纳入培育体系。虽然高校电子竞技专业教育取得了一定的进展,但也面临的诸多严重的问题:

(1) 专业定位不清晰。目前电竞专业人才主要集中在职业电竞俱乐部、非学历教育的培训机构和开设电竞专业(方向)的高校。从电竞产业链上看,电竞产业链主要包括上游的电竞开发、中游的赛事服务、下游的俱乐部,当然电竞产业的发展还要受到国家监管部门和赞助商等领域的制约。对于高校来说,在人才培养方向上往往存在定位不清晰的问题,即高校并没有明确相关专业是聚焦于上游的开发、中游的赛事服务还是下游的电竞俱乐部。

(2) 配套资源不齐全。高校电竞专业的发展首先是建立在充足的设施配备基础上。当前由于高校领导对电竞专业教学发展的重要性缺乏认识,从而导致在专业建设的引导和资金支持方面的力度不足,同时对于在本校内电竞运动项目的组织开展不能给予有效的监督和管理,在组织校内外电竞运动交流活动方面也存在不足。

(3) 师资力量不到位。高校电竞专业教育组织和管理建设的不足,也体现在对该专业教师队伍的打造上。由于电子竞技运动对于技术的专业性要求很高,这就要求该专业教师对电竞运动有充分的认识,并具备专业的教学能力,为促进电竞专业教育在高校内获得有效而长远的发展,高校应积极加强专业电竞教师队伍的构建,完善相关活动组织管理规章制度,为实现电竞专业的健康发展创造良好条件。

综上所述,电子竞技职业选手目前主要依靠的还是各个电竞俱乐部自身培养,缺乏成熟的职业选手选拔体系;由于电子竞技运动员的巅峰期都在 20~25 岁,培养体系和青少年赛事的缺乏使青少年能够接触到电子竞技的机会也非常有限,这在很大程度上限制了电竞职业选手的选拔范围。而电竞职业选手学历的限制也使得其退役后再就业的问题较为严峻。

第 4 章
电竞选手健康风险评估与管理

课题组通过文献综述和专家咨询等方法系统全面地对电竞选手职业健康风险因素进行分析和论证,并通过健康体检、问卷调查的方式对上海市电竞选手的健康现状及风险因素进行评价,最终形成电竞选手职业健康主动管理的策略和服务规范。

4.1 研究背景及思路

电子竞技与传统体育竞技的相似之处在于可以锻炼和提高人的思维能力、反应能力、心眼四肢协调能力和意志力,可以培养团队合作的精神等特性。因此,电竞也被誉为"坐着进行的体育运动",并成为深受年轻人喜爱的新兴运动项目。电子竞技员,又被称为电竞选手,主要指从事各类电子竞技项目比赛、陪练、体验及活动表演的从业人员,是 2019 年国家人力资源和社会保障部等国家机构联合发布的 13 个新职业之一。我国人力资源和社会保障部 2019 年数据显示,目前我国运营中的电竞战队(含俱乐部)达 5 000 余家,电竞职业选手约 10 万人,加上陪练、教练、半职业或业余电竞选手、电竞数据分析等相关工作者,当前电子竞技员的整体规模超过 50 万人,遍布在全国各级城市,预测未来五年内电子竞技员人才需求量近 200 万人。由于这一群体多由青少年组成,而其职业特性也导致其健康风险和健康问题突出且具有特征。

　　电子竞技员由于其特殊职业属性所引起的健康问题值得特别关注。其存在的健康问题包括久坐引起的脊柱损伤、营养失衡,长时间面对电子屏幕引起的视力、听力损害,职业压力过大引起的心理问题,等等。竞技员自身普遍缺乏对健康有效、足够的重视,可能导致电子竞技产业从业人员的非良性职业发展。虽然健康威胁诸多,但是从已有研究来看,针对竞技员人群健康提升的实践及研究并不多,已有的研究多集中在健康行为特征分析,缺乏健康行为特征与健康结果之间的定量关联论证,以及如何科学有效提升健康认知及行为的策略分析。因此,对电竞选手的健康需求进行全面的分析,明确电竞选手的健康风险并进行系统评价,并以此为基础给予积极、有效的健康干预,是特殊人群电竞人员职业发展的重要保障。

　　基于上述论述,本研究思路如下:

　　1. 文献研究

　　为掌握相关理论知识,界定有关概念和内容,课题组搜索了 Pubmed、Science Direct、Web of Science 等外文数据库和中国知网、维普信息资源系统、万方等中文数据库,并利用百度、谷歌和雅虎等搜索引擎进行系统检索,对国内外电竞行业和电竞选手健康管理服务规范现状和有关指南、规范有所了解,并加以整理。

　　2. 专家咨询

　　课题组邀请和组织上海市内信息化管理、家庭医生及签约管理、精神卫生、骨科、眼科、康复训练、体育训练管理等多领域的专家对本研究的框架、调查方案、调查表进行讨论、反复论证和修改。

　　3. 健康体检及问卷调查

　　课题组经过前期的文献检索和查阅资料,初步了解国内外电竞选手健康问题及管理现状,然后在专家咨询的基础上确定了研究思路,开展电子竞技员健康体检,包括营养状况、内科、外科、五官科、口腔科、心电图、放射科、呼气试验、超声、免疫、生化、血常规、尿常规、传染病等检查项目,并通过问卷星对电子竞技员进行了《电竞选手健康调查表》问卷调查。

4.2　电竞选手健康问题与健康管理研究文献

　　课题组以"电子竞技""电竞选手""电竞"作为中文关键词,检索中文数据库中国知网资源总库(CNKI)、万方数据知识服务平台、维普期刊资源整合服务平台、SinoMed 中国生物医学文献服务系统,搜索到文献总计4 800 余篇,研究成果主要集中在 2000 年至今,研究内容集中在产业发展讨论、电子竞技与网络游戏的区别与其引发的社会、人文等问题的探讨。进一步在结果内检索"健康""职业病",并未发现任何关于电竞选手健康、疾病等问题的相关研究文献。以"Electronic Sports (E-Sports)""Player""Athlete""Occupational Health""Health Management"为英文文献检索关键词,搜索"PubMed""Scopus""Access Medicine""Lippincott Williams & Wilkins""Web of Science"等外文医学数据库,共搜索到与电子游戏(Video Games)相关的外文文献 4 400 余篇,文献内容多以电子或电脑游戏对玩家认知(Cognitive Function)的影响、玩家的压力(Stress)、自我评价的健康(Self-rated health)为主。其中并未搜索到关于电竞职业选手这一特殊群体的健康问题及健康管理的报道。

4.2.1　电竞选手健康风险因素的研究现状

1. 已有研究多为电竞选手的人口学分析

　　电竞职业选手整体年龄偏小,绝大多数为男性,职业生涯偏早、偏短,学历不高,被公认为吃"青春饭"。有国内报道显示,电竞选手的平均年龄为 19 岁,黄金年龄段是 16～23 岁。2019 年针对我国电子竞技员群体的调查显示,年龄分布在 16～22 岁之间的占 54%,23～30 岁之间的占26%,31～40 岁之间的占 16%,仅有 4% 年龄在 40 岁以上;从业年限都相对较短,88% 的电子竞技员工作年限在 5 年之内,其中工作 1～3 年的占58%,工作 3～5 年的占 30%;学历相对不高,高中或中专学历占比最大(为 46%),大专学历占 38%,本科及以上学历仅占 16%。德国的一项线上调查研究显示,电竞玩家(包括职业选手、前职业选手、业余选手、普通玩家)的平均年龄在 22.9 岁,且 91.9% 为男性,体质指数 BMI 平均为 24.6,52.5% 的人拥有良好的教育水平,一半以上为未成年或大学生,32.6% 具有全职职业。

2. 围绕健康的研究多关注健康行为特征

通常一场职业电竞比赛持续 20～60 分钟不等,需要选手在一段较长的时间内注意力高度集中凝视电脑屏幕,并持续不间断地进行伏案鼠标和键盘操作,在脑—眼—手等反射回路上的反应和执行速度要求远高于其他类别体育竞技项目。电竞选手在赛季前往往需要长期进行大量、高频、重复性的训练,多采用长期静坐、长期使用电子屏幕的工作和生活方式。美国某大学的一项对照研究显示,其电竞职业选手每周的平均步数和体育锻炼量要显著低于与其相匹配的非电竞选手对照组,且显著低于美国心脏学会和运动医学学会对于成年男性运动量的要求。虽然两组 BMI 并无显著差异,但电竞选手体脂率要明显高于对照组。而另一项对美国 8 所大学 65 名电竞职业选手的问卷显示,他们在赛季前的平均训练时间为每日 5.5～10 小时,15% 的选手存在连续 3 小时以上静坐无间断的训练状况,40% 的选手自称并不参加任何其他运动。然而德国调查显示,包括电竞选手在内的三分之二(66.9%)的电子竞技玩家每周能够进行超过 2.5 小时的中等或激烈的体育运动,每天平均静坐时间为 7.7±3.6 小时,平均睡眠时间为每晚 7.1±1.3 小时。一项对来自以美国、澳大利亚、加拿大、德国和英国为主的 65 个国家的电竞选手的线上调查研究显示,电竞选手的吸烟和饮酒行为的发生率较普通人群低,运动量也比全球普通人群低,且绝大部分人并未达标。一项针对韩国、澳大利亚和美国电竞职业选手的调查显示,他们平均睡眠时间为 6.8 小时,且均存在延迟入睡时间的现象。韩国选手的抑郁评分更高,训练时间更长,且抑郁评分与其睡眠模式和训练时常显著相关。

3. 电竞选手健康结果研究多为定性

2018 年雅加达亚运会中国电竞代表队康复师张翔曾指出,电竞长时间、高强度、凝视、静坐等日常训练和比赛模式,会造成电竞选手过劳、肥胖、眼屈光不正、肌肉骨骼系统的问题,包括颈前伸、含胸驼背、高低肩、腱鞘炎、网球肘、鼠标手、下背痛等。一项最新的 Meta 分析将既往研究报道的电子竞技对健康的影响划分为躯体健康、心理健康和社会健康三大类。

（1）躯体健康问题。Emara 等将电竞选手可能存在的共 18 种躯体健康风险总结为四大类，分别为：① 肌肉骨骼系统问题，包括持续很久的异常姿势所导致的颈部、背部、腰部疼痛，过早的颈椎退行性病变，以及由于操作中一些重复性动作和过度使用某些肌肉导致的局部微小损伤，如腕管或尺管综合征、肱骨外上髁炎等；② 静坐的生活方式导致的问题，包括日常活动量不达标、肥胖、饮食不规律造成的营养问题，下肢静脉血栓形成的风险；③ 中枢神经系统问题，包括长期使用电子屏幕对视力和睡眠的影响；④ 感染性疾病问题，主要指在全球疫情影响下，电竞团队之间可能由于交叉接触鼠标、屏幕或键盘等的表面而存在感染风险。

（2）心理健康问题。电竞选手普遍年龄偏小，最小的 16 岁，心理发育不成熟，较其他职业群体更容易出现心理问题，也更容易被忽视。一些电竞选手被战队招募后可能需要离开父母或到陌生城市生活，生活圈相对狭窄，生活内容相对单一，相比同龄人缺乏一个常规的学习和成长环境，可能有不利于身心健康发展的状况。首先，面对连续的训练和高强度比赛，他们的身体得不到充足的休息，精神也可能长期处于高压状态，容易形成恶性循环。其次，当发挥失常、遭遇失利后，他们如果不能得到良好的心理疏导，容易失去斗志，或深陷负面情绪。另外，面对职业所带来的名誉、荣誉、金钱和粉丝的崇拜，心智尚未成熟的选手可能出现心态失衡、道德意识和自我约束能力下降等问题。

4.2.2　电竞选手健康管理策略系统研究的不足

尽管一些电竞俱乐部已经认识到电竞选手健康的重要性，为员工配备了一些医疗福利，但电竞选手普遍缺乏健康意识，主动求医行为较少，当选手出现生理和心理症状后再治疗时，往往已经错过了最佳干预时间。有研究表明，在一些职业人群中开展健康管理，能够对疾病进行早期识别,提高人群健康知识水平,促进健康行为的改善。因此,需要专业团队对电竞选手这一职业人群的健康问题进行早期识别,通过建立健康档案、定期评估、生活方式干预等方式开展有效的健康管理,否则可能导致电竞从业人员的健康受损,影响职业发展和行业的长期、可持续发展,并给电竞产业带来不良的社会影响。

目前关于电竞选手健康管理的外文文献共有 2 篇。DiFrancisco-Donoghue 等提出了针对电竞选手进行健康管理的建议,需要包括全科医师、队医、物理治疗师、运动医学医师、心理治疗师在内的多角色整合团队服务模式(integrating health professionals)。Emara 等通过分类总结电竞选手可能出现的所有健康危害,总结了包含肌肉骨骼系统、视觉、听觉、精神运动、心肺系统、营养、认知和心理共七大方面的健康促进方案和建议,可为职业电竞选手和教练提供一些健康管理的框架和思路。

当前中文文献中仅有 1 篇文献报道了针对电子竞技运动爱好者运动损伤的问卷调查,统计出他们出现不适症状部位的频率依次为颈部、腰背、肩、腕关节、指间关节和腰背部,以肌肉慢性劳损为主;整体就诊率较低,就诊率最高的颈部也仅有 20%,这说明该人群对电子竞技引起的损伤并未给予充分的重视和干预。当前针对我国电竞选手的健康管理缺乏系统性的统计描述和干预性研究,未来可以在这一人群和领域开展更多的研究工作。

以上文献研究表明,目前电竞这一新兴领域所涉及的经济、文化、健康问题等,尚缺少深入、科学的研究。

随着国内外电竞赛事的不断增多,媒体对电竞比赛的宣传力度不断增大,电子竞技在成为一项体育竞技项目的同时,也在快速发展成为一个能够促进社会经济的产业。随着产业链不断升级完善,未来进入该行业的从业者,尤其是对电子竞技感兴趣的青少年群体也会越来越多。

但目前电子竞技在社会大众及一些学者的认知中并不算是一个积极健康的体育竞技项目和职业,因此也一定程度限制了其良性发展。如有国内学者认为电子竞技和电子游戏并没有太大区别,长时间的伏案操作和长期静坐的生活方式都会对玩家的身体造成危害。英国的一项全国性抽样调查显示，儿童期玩电子游戏的时长与体质指数（BMI）呈显著正相关。Vallado 等人的研究发现，电子游戏会导致心率加快，进而增加了心理应激事件发生的可能性。泰国的一项全国性抽样调查也证明，每天玩超过一小时的电子游戏将显著增加青少年的超重风险，且这种风险在活动量相对较少的女性群体中会更高。

因此，被誉为"青春饭"的电子竞技，必须要通过不断优化产业链内部的各个环节，去除一些阻碍行业发展的不良因素，才能成为一个持续、健康发展的行业，从业者才能获得良好的社会认同感。从职业发展的角度出发，对电子竞技从业者进行职业病伤害的有效识别和早期的预防，为其营造健康、向上的职业环境和职业氛围，是职业良性发展的前提。从企业人力资源发展和员工福利保障（wellness）的角度出发，电竞企业应该为其员工提供一系列包括健康体检、健康保险、健康教育、合理的病休假制度等内容的健康福利和良好的工作环境，以保障其在企业工作期间的身心健康发展。因此，针对电竞选手开展全面、规范的健康管理和职业病预防工作，是电子竞技运动及相关产业科学、良性发展的基石和保障。

由于电竞选手人群的逐渐壮大且面临着众多健康问题，对其施行健康风险评估并主动健康管理的意义重大。已有研究虽然开始关注电竞选手在生理、心理、行为、职业压力等多个方面的健康风险，但仍旧缺乏综合判别不同因素对电竞选手职业健康的影响机制研究，以及基于此的积极、有效健康干预策略研制，后续研究应重点关注这些方面。

4.3　电竞选手体检研究

开展电竞选手健康体检，应包括营养状况、内科、外科、五官科、口腔科、心电图、放射科、呼气试验、超声、免疫、生化、血常规、尿常规、传染病等检查项目，从而了解上海市电竞选手的健康现状。

4.3.1 电竞选手体检结果

课题组对 48 名电竞选手、18 名电竞从业人员、2 名教练员共 68 名电子竞技员进行了健康体检。具体调研结果分析如下。

1. 基本情况

本项目健康体检共收集到 68 名电子竞技员的体检信息,其中电竞选手 48 名、电竞从业人员 18 名、教练员 2 名。男性 58 名,平均年龄(21.97 ± 4.770)岁,平均身高(176.34 ± 6.178)cm,平均体重(73.74 ± 20.153)kg;女性 10 名,平均年龄(25.60 ± 2.881)岁,平均身高(165.60 ± 5.030)cm,平均体重(60.78 ± 7.738)kg。48 名电竞选手平均年龄(21.29 ± 4.686)岁,平均身高(175.00 ± 5.429)cm,平均体重(72.65 ± 21.926)kg。详见表 4-1。

表 4-1 基 本 情 况

项　　目		n	%
职　业	电竞选手	48	70.59
	从业人员	18	26.47
	教　　练	2	2.94
性　别	男	58	85.29
	女	10	14.71

注:表中 n 为统计人数,下同。

2. 营养状况

68 名电子竞技员中,有 12 名人员 BMI 值<18.5,28 名人员 BMI 值在 $18.5\sim23.9$ 之间,28 名人员 BMI 值$\geqslant24$。详见表 4-2。

3. 内科

68 名电子竞技员内科检查无异常,平均收缩压(112.38 ± 14.869) mmHg,平均舒张压(75.24 ± 9.046) mmHg,平均脉率(82.41 ± 13.228)次/min。

表 4 - 2　营 养 状 况

职　业	BMI<18.5		18.5≤BMI≤23.9		BMI≥24	
	n	%	n	%	n	%
电竞选手	12	25.00	16	33.33	20	41.67
从业人员	0	0.00	10	55.56	8	44.44
教　练	0	0.00	2	100.00	0	0.00
合　计	12	17.65	28	41.18	28	41.18

4. 外科

68 名电子竞技员外科检查中,有 4 名电竞选手有 Finkelsteins 试验阳性,2 名从业人员淋巴结肿大。详见表 4 - 3。

表 4 - 3　外科检查情况[n(%)]

职　业	Finkelsteins 试验		淋巴结肿大	
	(＋)	(－)	(＋)	(－)
电竞选手	4(8.33)	44(91.67)	0(0.00)	48(100.00)
从业人员	0(0.00)	18(100.00)	2(11.11)	16(88.89)
教　练	0(0.00)	2(100.00)	0(0.00)	2(100.00)
合　计	4(5.88)	64(94.12)	2(2.94)	66(97.06)

5. 五官科

68 名电子竞技员五官科检查中,分别有 40 名(83.33%)电竞选手、16 名(88.89%)从业人员、2 名(100.00%)教练是近视眼,6 名(12.50%)电竞选手有外耳道炎,6 名(12.50%)电竞选手有扁桃体肿大,6 名(12.50%)电竞选手有鼻炎。详见表 4 - 4。

表 4-4　五官科检查情况[n(%)]

职业	近视眼		外耳道炎		扁桃体肿大		鼻炎	
	(+)	(-)	(+)	(-)	(+)	(-)	(+)	(-)
电竞选手	40 (83.33)	8 (16.67)	6 (12.50)	42 (87.50)	6 (12.50)	42 (87.50)	6 (12.50)	42 (87.50)
从业人员	16 (88.89)	2 (11.11)	0 (0.00)	18 (100.00)	0 (0.00)	18 (100.00)	0 (0.00)	18 (100.00)
教 练	2 (100.00)	0 (0.00)	0 (0.00)	2 (100.00)	0 (0.00)	2 (100.00)	0 (0.00)	2 (100.00)
合 计	58 (85.29)	10 (14.71)	6 (8.82)	62 (91.18)	6 (8.82)	62 (91.18)	6 (8.82)	62 (91.18)

6. 口腔科

68 名电子竞技员口腔科检查中,分别有 12 名(25.00%)电竞选手、6 名(33.33%)从业人员有龋齿,10 名(20.83%)电竞选手、2 名(11.11%)从业人员、2 名(100.00%)教练牙列不齐,16 名(33.33%)电竞选手有牙龈炎,20 名(41.67%)电竞选手、16 名(88.89%)从业人员、2 名(100.00%)教练有牙结石。详见表 4-5。

表 4-5　口腔科检查情况[n(%)]

职业	龋 齿		牙列不齐		牙龈炎		牙结石	
	(+)	(-)	(+)	(-)	(+)	(-)	(+)	(-)
电竞选手	12 (25.00)	36 (75.00)	10 (20.83)	38 (79.17)	16 (33.33)	32 (66.67)	20 (41.67)	28 (58.33)
从业人员	6 (33.33)	12 (66.67)	2 (11.11)	16 (88.89)	0 (0.00)	18 (100.00)	16 (88.89)	2 (11.11)
教 练	0 (0.00)	2 (100.00)	2 (100.00)	0 (0.00)	0 (0.00)	2 (100.00)	2 (100.00)	0 (0.00)
合 计	18 (26.47)	50 (73.53)	14 (20.59)	54 (79.41)	16 (23.53)	52 (76.47)	38 (55.88)	30 (44.12)

7. 心电图和胸片

68 名电子竞技员心电图和胸片检查均无异常。

8. 颈椎片检查

68 名电子竞技员颈椎片检查中,分别有 36 名(75.00%)电竞选手、6 名(33.33%)从业人员和 2 名(100.00%)教练员颈椎异常。详见表 4-6。

表 4-6　颈椎片检查异常情况[n(%)]

职　业	颈椎异常	颈椎正常
电竞选手	36(75.00)	12(25.00)
从业人员	6(33.33)	12(66.67)
教练	2(100.00)	0(0.00)
合　计	44(64.71)	24(35.29)

9. 呼气试验检查

68 名电子竞技员呼气试验检查中,有 4 名(8.33%)电竞选手呼气试验阳性。详见表 4-7。

表 4-7　呼气试验检查异常情况[n(%)]

职　业	呼气试验阳性	呼气试验阴性
电竞选手	4(8.33)	44(91.67)
从业人员	0(0.00)	18(100.00)
教　练	0(0.00)	2(100.00)
合　计	4(5.88)	64(94.12)

10. 彩色超声检查

68 名电子竞技员彩色超声检查中,14 名(29.17%)电竞选手、2 名(100.00%)教练有脂肪肝,12 名(25.00%)电竞选手、4 名(22.22%)从业人员有胆囊结晶或息肉,4 名(8.33%)电竞选手有肾结石或结晶,6 名(12.50%)电竞选手有肾囊肿,6 名(12.50%)电竞选手、2 名(11.11%)从业人员有前列腺钙化灶,28 名(58.33%)电竞选手、10 名(55.56%)从业人员有甲状腺结节。详见表 4-8。

表 4-8 彩色超声检查异常情况[n(%)]

职 业	脂肪肝	胆囊结晶或息肉	肾结石或结晶	肾囊肿	前列腺钙化灶	甲状腺结节
电竞选手	14(29.17)	12(25.00)	4(8.33)	6(12.50)	6(12.50)	28(58.33)
从业人员	0(0.00)	4(22.22)	0(0.00)	0(0.00)	2(11.11)	10(55.56)
教 练	2(100.00)	0(0.00)	0(0.00)	0(0.00)	0(0.00)	0(0.00)
合 计	16(23.53)	16(23.53)	4(5.88)	6(8.82)	8(11.76)	38(55.88)

11. 免疫检查

68 名电子竞技员免疫检查中,2 名(4.17%)电竞选手 CYFRA21-1 升高。详见表 4-9。

表 4-9 免疫检查异常情况[n(%)]

职 业	CYFRA21-1 升高	CYFRA21-1 正常
电竞选手	2(4.17)	46(95.83)
从业人员	0(0.00)	18(100.00)
教 练	0(0.00)	2(100.00)
合 计	2(2.94)	66(97.06)

12. 生化检查

(1) 肝功能。68 名电子竞技员肝功能检查中,4 名(8.33%)电竞选手总蛋白异常,18 名(37.50%)电竞选手白蛋白异常,8 名(16.67%)电竞选手球蛋白异常,2 名(4.17%)电竞选手白/球异常,4 名(8.33%)电竞选手谷丙转氨酶异常,4 名(8.33%)电竞选手谷草转氨酶异常,4 名(8.33%)电竞选手碱性磷酸酶异常。详见表 4 - 10。

表 4 - 10　肝功能检查异常情况[n(%)]

职　业	总蛋白	白蛋白	球蛋白	白/球	谷丙转氨酶	谷草转氨酶	碱性磷酸酶
电竞选手	4 (8.33)	18 (37.50)	8 (16.67)	2 (4.17)	4 (8.33)	4 (8.33)	4 (8.33)
从业人员	0 (0.00)	0 (0.00)	0 (0.00)	0 (0.00)	0 (0.00)	0 (0.00)	0 (0.00)
教　练	0 (0.00)	0 (0.00)	0 (0.00)	0 (0.00)	0 (0.00)	0 (0.00)	0 (0.00)
合　计	4 (5.88)	18 (26.47)	8 (11.76)	2 (2.94)	4 (5.88)	4 (5.88)	4 (5.88)

(2) 肾功能。68 名电子竞技员肾功能检查中,2 名(4.17%)电竞选手尿素异常,2 名(4.17%)电竞选手肌酐异常,22 名(45.83%)电竞选手、6 名(33.33%)从业人员、2 名(100.00%)教练尿酸异常。详见表 4 - 11。

表 4 - 11　肾功能检查异常情况[n(%)]

职　业	尿　素	肌　酐	尿　酸
电竞选手	2(4.17)	2(4.17)	22(45.83)
从业人员	0(0.00)	0(0.00)	6(33.33)
教　练	0(0.00)	0(0.00)	2(100.00)
合　计	2(2.94)	2(2.94)	30(44.12)

(3) 血糖、血脂。68 名电子竞技员血糖、血脂检查中,2 名(4.17%)电竞选手血糖异常,6 名(12.50%)电竞选手、2 名(11.11%)从业人员总胆固醇异常,10 名(20.83%)电竞选手、4 名(22.22%)从业人员、2 名(100.00%)教练甘油三酯异常,6 名(12.50%)电竞选手、2 名(100.00%)

教练高密度脂蛋白异常,12 名(25.00%)电竞选手、4 名(22.22%)从业人员低密度脂蛋白异常。详见表 4 - 12。

表 4 - 12　血糖、血脂检查异常情况[n(%)]

职 业	葡萄糖	总胆固醇	甘油三酯	高密度脂蛋白	低密度脂蛋白
电竞选手	2(4.17)	6(12.50)	10(20.83)	6(12.50)	12(25.00)
从业人员	0(0.00)	2(11.11)	4(22.22)	0(0.00)	4(22.22)
教 练	0(0.00)	0(0.00)	2(100.00)	2(100.00)	0(0.00)
合 计	2(2.94)	8(11.76)	16(23.53)	8(11.76)	16(23.53)

13. 血常规检查

68 名电子竞技员血常规检查中,2 名(100.00%)教练红细胞异常,4 名(22.22%)从业人员血小板异常,2 名(4.17%)电竞选手、2 名(11.11%)从业人员嗜碱性粒细胞百分比异常,2 名(4.17%)电竞选手单核细胞数异常,4 名(22.22%)从业人员嗜碱性粒细胞数,4 名(8.33%)电竞选手平均血小板容积异常。详见表 4 - 13。

表 4 - 13　血常规检查异常情况[n(%)]

职 业	红细胞	血小板	嗜碱性粒细胞百分比	单核细胞数	嗜碱性粒细胞数	平均血小板容积
电竞选手	0(0.00)	0(0.00)	2(4.17)	2(4.17)	0(0.00)	4(8.33)
从业人员	0(0.00)	4(22.22)	2(11.11)	0(0.00)	4(22.22)	0(0.00)
教 练	2(100.00)	0(0.00)	0(0.00)	0(0.00)	0(0.00)	0(0.00)
合 计	2(2.94)	4(5.88)	4(5.88)	2(2.94)	4(5.88)	4(5.88)

14. 尿常规检查

68 名电子竞技员尿常规检查中,14 名(29.17%)电竞选手尿比重异常,4 名(8.33%)电竞选手、2 名(11.11%)从业人员尿 pH 异常,2 名

（4.17％）电竞选手尿蛋白阳性，4 名（8.33％）电竞选手尿酮体阳性，2 名（4.17％）电竞选手尿隐血阳性，2 名（4.17％）电竞选手尿白细胞增加。详见表 4-14。

表 4-14　尿常规检查异常情况[n(％)]

职　业	比重异常	PH 异常	蛋白质（＋）	酮体（＋）	隐血（＋）	白细胞（＋）
电竞选手	14(29.17)	4(8.33)	2(4.17)	4(8.33)	2(4.17)	2(4.17)
从业人员	0(0.00)	2(11.11)	0(0.00)	0(0.00)	0(0.00)	0(0.00)
教　练	0(0.00)	0(0.00)	0(0.00)	0(0.00)	0(0.00)	0(0.00)
合　计	14(20.59)	6(8.82)	2(2.94)	4(5.88)	2(2.94)	2(2.94)

4.3.2　电竞选手体检结果分析

通过分析电竞选手体检结果发现，电竞选手虽然平均年龄比从业人员和教练更年轻，但在营养状况、外科、五官科、口腔科、颈椎片、呼气试验、超声、免疫、生化、血常规、尿常规检查中均有异常情况，且相对发生概率更高，这与 Emara 等研究电竞选手可能存在四大类躯体健康风险相符。纽约理工大学运动医学与骨科专家乔安妮·多诺霍详细考察了 100 名 18 到 22 岁的北美职业电竞选手，发现他们每天训练的时间长达 5.5 到 10 小时，超过 50％的选手在电竞之外没有任何体能训练与运动健身习惯。几乎所有的电竞选手都有日常身体不适，包括肠胃消化紊乱，眼部干涩与酸胀，以及腕部、肘部和腰腿酸疼。本研究显示，电竞选手发生一些躯体健康问题的概率更大，如近视眼占比 83.33％、颈椎异常占比 75.00％、BMI 异常占比 66.67％等。

1. 营养状况检查

对电子竞技员的营养状况体检分析显示，超过五成的电子竞技员 BMI 值异常，其中主要是超重或者肥胖，也有少部分人可能是因营养不良导致的偏瘦。48 名电竞选手中，20 名（41.67％）电竞选手超重，还有 12

名(25.00％)电竞选手偏瘦,仅有 16 名(33.33％)电竞选手 BMI 值正常,这说明电竞选手中存在不容忽视的营养状况问题。究其原因可能有:电竞俱乐部未配备专业的营养师对电竞选手进行配餐;电竞选手存在生活作息不规律,没有规律进食,熬夜通宵吃夜宵、起晚没吃早饭,或者暴饮暴食等;电竞选手自身存在挑食的问题,没有均衡饮食,或者喜欢吃垃圾食品;电竞选手长期久坐,运动量不够导致超重或肥胖。电竞选手都是年轻选手,新陈代谢一般较快,若存在超重、肥胖应该引起重视,注意调整饮食和作息,加强锻炼。

2. 外科检查

对电竞选手的外科检查分析显示,有 4 名电竞选手 Finkelsteins 试验阳性。Finkelsteins 试验又称 Finkelsteins 征,即握拳尺偏试验。使患者屈拇指对掌并握拳,检查者将患者已握拳的手向尺侧(小指侧)倾斜,若桡骨茎突处出现剧痛,是为阳性,表示患有桡骨茎突部狭窄性腱鞘炎。异常检查结果为阳性。因为发炎的肌腱滑囊受到拉力牵扯引发疼痛,有可能是手腕狭窄性肌腱滑囊炎。电竞选手由于长期抓握鼠标或者手机等,容易对手肘造成过度的劳累和劳损,使桡骨茎突的腱鞘内长期反复摩擦,导致这个位置出现无菌性的炎症并产生疼痛。因此电竞选手平时一定要注意防护,疼痛明显时可以用局部封闭注射治疗或请专业的康复医师进行康复训练。

3. 五官检查

对电子竞技员的五官科检查分析显示,有 58 名(85.29％)电子竞技员眼睛近视,比一般体育运动员的近视率要高,这大概率跟其自身需要长期使用电子设备的特殊性有关。电子竞技员需要长时间观看手机、电脑、平板电脑等电子设备,若不注意防护或姿势不当,很容易对视力造成损害。应注意观看电子设备的时间和姿势,并注意休息和放松,若发现视力下降,应及时矫正视力并佩戴眼镜加以保护。

4. 口腔检查

对电子竞技员的口腔检查中,有 12 名(25.00％)电竞选手有龋齿,10 名(20.83％)电竞选手牙列不齐,16 名(33.33％)电竞选手有牙龈炎,20 名

(41.67%)电竞选手有牙结石。除牙结石问题外,所有异常都是最高的。口腔内疾病是相互关联的,如果牙齿畸形的话,可能会影响咀嚼功能,而咀嚼功能同时又会影响牙周,导致牙周疾病或者口腔黏膜的溃疡。定期口腔检查是非常重要的预防措施,早发现问题,早治疗疾病,事半功倍。电竞选手平常也要注意口腔卫生和正确进食姿势。

5. 颈椎检查

对电子竞技员的颈椎病检查分析显示,有 44 名(64.71%)电子竞技员颈椎异常,其中 36 名电竞选手颈椎异常,占比达 75.00%。有的电竞选手颈椎异常是生理曲度的形成,有的是退行性变,这与长时间坐卧姿势不当、劳损、外伤等因素有关。而电竞选手需要长时间伏案使用电脑或手机,再加上姿势不当,不注意防护,很容易造成过度劳累和劳损,一般表现为颈椎变直或反弓,引起颈部僵硬、酸痛,影响颈椎的正常活动,严重干扰其正常生活。预防颈椎异常有以下几种方法:① 平躺时,将枕头垫于头部及颈部的下方,使头部略向后仰。侧卧时,应使枕头的边缘与肩膀平齐。避免使用的枕头过高,枕头适宜的高度约为 5～15 cm。避免躺着看书及躺着玩手机等;② 避免长时间低头,每隔 20～30 min 进行 1 次颈部放松运动。每坐 1 h 起身活动 1 次;③ 对颈部进行保护,避免及减少颈部受伤;④ 避免将颈部过度伸出或过度弯曲;⑤ 每天适当地进行颈部运动,并按摩颈部肌肉。

6. 彩色超声检查

对电子竞技员的彩色超声检查分析显示,14 名(29.17%)电竞选手有脂肪肝,12 名(25.00%)电竞选手有胆囊结晶或息肉,4 名(8.33%)电竞选手有肾结石或结晶,6 名(12.50%)电竞选手有肾囊肿,6 名(12.50%)电竞选手有前列腺钙化灶,28 名电竞选手有甲状腺结节,其中甲状腺结节(58.33%)问题发生占比最高,脂肪肝问题其次。

甲状腺结节是指在甲状腺内的肿块,做吞咽动作时随甲状腺而上下移动,是临床常见的病症,可由多种病因引起。临床上有多种甲状腺疾病,如甲状腺退行性变、炎症、自身免疫以及新生物等都可以表现为结节。电离辐射是公认甲状腺结节的危险因素之一,而所有的电子产品都存在辐射，且会发送电离辐射。电竞选手属于长期接触电子产品的人群，也意味着他们需要长期接受电离辐射。但如此年轻的群体，如果过半的人已有甲状腺结节，应引起重视。碘摄入量过低或过高都会导致甲状腺疾病的增加，因此要注意碘的摄入，特别是一些加碘盐和海产品，要避免过多食入。虽然很难避免，但还是需要注意电子产品的过多使用，平常也可以避免或减少一些不必要的医疗辐射暴露。还有要避免或减少甲醛、亚硝酸盐、多环芳烃类、烟草等有害化学物质的摄入；不主动熬夜，防止过劳。合理营养搭配，均衡膳食，戒烟限酒，控制体重，减少肥胖。

脂肪肝是指由于各种原因引起的肝细胞内脂肪堆积过多的病变，是一种常见的肝脏病理改变，而非一种独立的疾病。脂肪性肝病正严重威胁国人的健康，成为仅次于病毒性肝炎的第二大肝病，发病率在不断升高，且发病年龄日趋年轻化。不仅是肥胖可能引起脂肪肝，酒精、营养不良等都可能导致脂肪肝。大量研究证实，脂肪肝与饮酒、抽烟、摄入热量过多等不健康生活方式有关。本次研究中，有 20 名（41.67%）电竞选手 BMI>24，意味着他们体重超重或者肥胖。因此，电竞俱乐部应对电竞选手加强健康知识教育，提高他们对脂肪肝的认知；倡导合理饮食、适度运动、戒烟、戒酒等健康生活方式，降低脂肪肝的患病率；提高电竞选手对定期体检必要性的认识。

7. 肝功能检查

对电子竞技员的肝功能检查分析显示，只有电竞选手存在各类指标异常。肝功能异常是当肝脏受到某些致病因素的损害时，引起肝脏形态结构的破坏和肝功能的异常。轻度的损害，通过肝脏的代偿功能，一般不会发生明显的功能异常；如果损害比较严重而且广泛，引起明显的物质代谢障碍、解毒功能降低、胆汁的形成和排泄障碍及出血倾向等肝功能异常改变，称为肝功能不全，即肝功能异常。肝功能的检查包括以下几种类型：① 肝细胞的合成功能检查，这个主要是白蛋白、胆碱酯酶、前白蛋白这些指标的检查。② 肝功能方面，主要是反映胆道梗阻的检查指标，包括总胆汁酸、胆红素、胆碱酯酶、伽马氨基酸脱氢酶。③ 反映肝细胞受损程度的指标是谷丙转氨酶和谷草转氨酶，这两个酶存在于细胞内，如果说细胞受损细胞膜通透性升高，这两个酶就会升高。肝功能方面的检查还包括反映肝细胞恶变的指标，主要是甲胎蛋白这种指标升高或者是岩藻糖蛋白升高。饮酒、过度劳累、熬夜、肥胖、服用药物等因素都可能导致肝功能异常，但只要及时进行调理，注意休息和合理的饮食，有望恢复正常。因此电竞选手要注意避免过度劳累，尽量少熬夜，作息正常，戒烟限酒，不胡乱用药，经常运动，保持身心健康。

8. 肾功能检查

对电子竞技员的肾功检查分析显示，有 30 名(44.12％)电子竞技员尿酸异常，其中有 22 名(45.83％)电竞选手尿酸偏高。尿酸偏高是人体内有一种叫做嘌呤的物质因代谢发生紊乱，致使血液中尿酸增多而引起的一种代谢性疾病。尿酸是人体内嘌呤代谢的最终产物，正常成人每天产生700 mg 左右尿酸，其中经肾脏排泄的尿酸约 500 mg，经肠道排泄的尿酸约 200 mg，以此来维持体内尿酸平衡。尿酸产生过多或尿酸排泄不良就会导致血中尿酸升高。临床上正常的尿酸值，男性为 149～416 μmol/L，女性为 89～357 μmol/L。一般情况下，当血尿酸浓度大于 416 μmol/L时，临床可诊断为高尿酸血症。一旦发现尿酸超标，饮用低嘌呤食物治疗是控制高尿酸血症和痛风的首选。原发性高尿酸血症起初大都无任何症状，但部分会演变而诱发急性关节炎、痛风石、肾结石及尿酸肾病，该病也与肥胖症、高血压、冠心病明显相关。超重或肥胖是高尿酸血症的相关危险因素，避免过胖是防止高尿酸血症和痛风的重要环节，超重或肥胖的电竞选手应特别引起重视。

9. 血糖、血脂检查

对电子竞技员的血糖检查分析显示，已有 2 名电竞选手出现血糖升高的现象。高血糖症是指空腹血糖高于正常上限 7.3 mmol/L(130 mg/dl)，若血糖高于肾糖阈值 9.0 mmol/L(160 mg/dl)，则会出现尿糖。短时间的高血糖对人体无严重损害，如在应激状态下或情绪激动时、高度紧张时、一次进食大量的糖时，都会出现短时间的高血糖。随后，血糖水平将逐渐恢复正常。如果血糖无法下降，那么持续高血糖就会发展为糖尿病。2020年 6 月 3 日，时年 23 岁的《英雄联盟》选手 Uzi(简自豪)在社交媒体发布公告正式退役："大家好，我是 Uzi，很遗憾地告诉大伙，自豪决定退役了。因为常年的压力大、肥胖、饮食不规律、熬夜等原因，我在去年体检的时候查出二型糖尿病，糖化血红蛋白已经到了 11%（正常＜6.5%）。"二型糖尿病是一个多基因遗传病，是遗传基因与不健康生活习惯共同作用的结果。有糖尿病基因的人，即使生活方式很规律也可能发病；没有糖尿病基因的人，如果生活方式非常不健康，也可能发病；如果有糖尿病基因，生活方式再不健康，发生的可能性就更大了。电竞选手职业压力较大，经常会通宵达旦，而且普遍会吃宵夜、饮酒、喝饮料等，这些都是诱发糖尿病和高血压的危险因素。糖尿病已经不再是中老年人的专利，青年人极度消耗自己的身体，照样也会发病。因此血糖升高的电竞选手应进一步随访观察，及早注意控制血糖。

对电子竞技员的血脂检查分析显示，有 17 名电竞选手有血脂异常。血脂异常是一类较常见的疾病，是人体内脂蛋白的代谢异常，主要包括总胆固醇和低密度脂蛋白、胆固醇、甘油三酯升高和/或高密度脂蛋白胆固醇降低等。血脂异常是导致动脉粥样硬化的重要因素之一，是冠心病和缺血性脑卒中的独立危险因素。在我国，血脂异常的发生率高，还有逐渐上升的趋势，这与我国人民的生活水平明显提高、饮食习惯发生改变等原因有密切关系。血脂异常除少数是由于全身性疾病所致的继发性血脂异常外，绝大多数是因遗传基因缺陷或与环境因素相互作用引起的原发性血脂异常。由遗传基因缺陷或与环境因素相互作用引起的原发性血脂异常，诱发这种疾病的不健康的生活方式包括暴饮暴食、嗜酒、偏食、饮食不规律等不良饮食习惯及缺乏体力活动、精神紧张、生活不规律等。除去遗传因素，电竞选手往往具有上述不良生活方式，应提倡其合理饮食、戒烟限酒、适当运动。

10. 尿常规检查

尿常规是临床上三大常规检验中的一项，作为排泄物检查，尿液反映了机体的代谢状况，是很多疾病诊断的重要指标，不少肾脏病变早期的蛋白尿或者尿沉渣中出现有形成分。尿常规异常是肾脏或尿路疾病的征兆，尿常规检查内容包括尿的颜色、透明度、酸碱度、红细胞、白细胞、上皮细胞、管型、蛋白质、比重及尿糖。本次对电子竞技员的健康体检分析显示,有个别电竞选手开始出现尿蛋白阳性、尿酮体阳性、尿隐血阳性等问题。正常人的肾小球滤液中存在小分子量的蛋白质,在通过近曲小管时绝大部分被重吸收,因此终尿中的蛋白质含量仅为 $30 \sim 130$ mg/24 h。尿蛋白阳性可以反映机体因器质性病变,尿内持续性地出现蛋白,尿蛋白含量的多少,可作为判断病情的参考,但蛋白量的多少不能反映肾脏病变的程度和预后。尿酮体是尿液中乙酰乙酸、β-羟丁酸及丙酮的总称。酮体是机体脂肪氧化代谢产生的中间代谢产物,当糖代谢发生障碍,脂肪分解增高,酮体产生速度超过机体组织利用速度时,可出现酮血症。酮体血浓度一旦超过肾阈值,就可产生酮尿。尿酮体常与糖尿病、妊娠、营养不良、慢性疾病有关,尿酮体阳性可能存在于糖尿病患者、长期营养不良者、饥饿呕吐腹泻者等中。尿隐血阳性说明尿液里的血红细胞达到了一定的数量,与之符合的情况是多样的。在剧烈运动、重体力劳动或久站后,尿液中可出现一过性微量红细胞,这种情况属正常,没有临床意义。但是,如果尿液中经常出现较多的红细胞,则提示异常,应密切加以检查。首先考虑的是由肾脏或尿路感染引起的,具体分析引起病理性尿隐血的原因。无论是肾小球肾炎、肾盂肾炎还是膀胱炎,都可能引起尿中潜在出血的情况;肾脏、输尿管、膀胱等结石也可能造成尿隐血;肾、膀胱、输尿管的恶性或良性肿瘤都可能引发尿隐血。本次对电子竞技员的健康体检结果显示,可能有个别电竞选手存在营养不良的情况,还有个别电竞选手可能存在泌尿系统炎症,都应进一步随访检查。

4.4　电竞选手健康状况问卷调查

随机选取在上海市注册的电子竞技俱乐部的电竞注册运动员进行问卷调查,将一般人口学信息(性别、年龄、文化程度、户籍、从业年限)与健康测量量表(SF-36)相结合,自制针对电竞选手健康状况的《电竞选手健康调查表》进行调查,在生理机能、生理职能、躯体疼痛、一般健康状况、精力、社会功能、情感职能、精神健康等方面评估电竞选手的健康状况。

4.4.1　健康测量量表 SF-36

健康测量量表 SF-36(The Medical Outcomes Study36-Item Short-Form Health Survey)是由美国波士顿健康研究所研制的简明健康测量量表。该量表是在 MOS(The Medical Outcomes Study)健康问卷的基础上发展而来,主要用于 14 岁以上普通人群的健康测量,从定量化的角度,比较直观、全面地反映人群的健康状况,且易于管理和操作,因此 SF-36 已被许多学者认可,并在很多领域得到了广泛的应用。

SF-36 共有 9 个维度和 36 个条目,各维度的功能介绍如下:

(1) 生理功能(PF:Physical Functioning):测量健康状况是否妨碍了正常的生理活动,共有 10 个条目。

(2) 生理职能(RP:Role Physical):测量由于生理健康问题所造成的职能受限情况,共有 4 个条目。

(3) 身体疼痛(BP:Bodily Pain):测量疼痛程度以及疼痛对日常活动的影响,共有 2 个条目。

(4) 总体健康(GH:General Health):个体对自身健康状况及其发展趋势的评价,共有 5 个条目。

(5) 活力(VT:Vitality):测量个体对自身精力和疲劳程度的主观感受,共有 4 个条目。

(6) 社会功能(SF:Social Functioning):测量生理和心理健康问题对社会活动数量和质量所造成的影响,共有 2 个条目。

(7) 情感职能(RE:Role Emotional):测量由于情感问题所造成的职能受限情况,共有 3 个条目。

(8) 精神健康(MH:Mental Health):测量四类健康测量项目,即激励、压抑、行为或情感失控、心理主观感受,共有 5 个条目。

(9) 健康变化(HT:Health Transition):用于评价对健康状况总体变化的主观感觉,仅有 1 个条目。

SF-36 的 9 个维度包括不同的条目,采用的评分方法也不同。概括地说有 4 点:① 有 7 个条目需要反向评分;② 有 3 个条目需重新给予标准分;③ 健康变化(HT)维度中的条目不进行重新评分,将以分类变量或等级变量的形式进行独立分析;④ 有 25 个条目原始分与重新评分相同。

SF-36 的主要统计指标是计算 8 个维度的健康得分和反映健康变化维度(HT)评分。根据 8 个维度各个条目的重新评分值,可以计算出 8 个维度的初得分和终得分。SF-36 8 个维度的初得分需分别计算,各维度初得分等于该维度内各条目重新评分之和。因为 SF-36 各维度包含的条目不同,通过上面的计算方法得到的 SF-36 的 8 个维度的初得分不便于相互比较。对初得分进行一定的转换即可得到终得分,终得分在 0～100 之间,可以用于维度间的相互比较。初得分和终得分的高低能够直接反映健康状况的好坏,得分高说明健康状况好,如 PF 得分高说明生理功能好,BP 得分高说明身体疼痛轻。SF-36 各维度的评分结果可以与标准进行比较,解释不同评分值的实际意义。

4.4.2　电竞选手健康状况问卷调查调研结果

课题组对 36 名电竞选手、16 名电竞从业人员、8 名教练共 60 名电子竞技员进行了《电竞选手健康调查表》电子问卷调查,调研结果具体分析如下:

1. 基本情况

本项目问卷调查共收集到 60 份有效问卷,出自 36 名电竞选手、16 名电竞从业人员、8 名教练,平均年龄为(21.80±4.95)岁;男性 50 人,女性 10 人;初中学历 15 人,高中或中专学历 33 人,大专学历 6 人,本科及以上 6 人。详见表 4-15。

表 4-15　基 本 情 况

项　　　目		n	%
职　业	电竞选手	36	60.00
	从业人员	16	26.67
	教　　练	8	13.33

续　表

项　　目		n	%
性　　别	男	50	83.33
	女	10	16.67
学　　历	初中	15	25.00
	高中/中专	33	55.00
	大专	6	10.00
	本科及以上	6	10.00

2. 健康调查简表(SF-36)得分情况

健康调查简表(SF-36)概括了 9 个方面的生存质量,包括生理功能(PF)、生理职能(RP)、身体疼痛(BP)、总体健康(GH)、活力(VT)、社会功能(SF)、情感职能(RE)、精神健康(MH)及健康变化(HT)。9 项均为得分越高,表示健康状况越好。

本次调查的 60 名电子竞技员中,36 名电竞选手平均年龄为(20.06±4.249)岁,平均工作年限(2.19±1.167)年;16 名从业人员平均年龄为(24.21±3.926)岁,平均工作年限(3.29±1.590)年;8 名教练平均年龄为(29.10±4.761)岁,平均工作年限(7.08±2.828)年。各项得分详见表 4-16 和表 4-17。

表 4-16　健康调查简表(SF-36)得分情况

职　　业	平均年龄	工作年限	PF 得分	RP 得分	BP 得分	GH 得分
电竞选手	20.06±4.249	2.19±1.167	94.58±6.201	91.67±28.868	26.67±9.847	75.33±15.186
从业人员	24.21±3.926	3.29±1.590	95.12±6.123	90.20±24.773	28.40±16.733	78.60±22.086
教　　练	29.10±4.761	5.08±2.828	98.33±4.887	99.89±24.328	33.33±11.547	81.33±14.364

表 4 - 17　健康调查简表(SF - 36)得分情况

职　业	平均年龄	工作年限	VT 得分	SF 得分	RE 得分	MH 得分	HT 得分
电竞选手	20.06±4.249	2.19±1.167	62.92±8.649	48.96±5.610	94.44±19.245	75.67±13.262	62.50±24.502
从业人员	24.21±3.926	3.29±1.590	59.00±19.170	45.45±6.298	96.67±23.33	82.18±12.111	75.37±25.081
教　练	29.10±4.761	7.08±2.828	70.80±3.608	50.12±1.530	97.73±16.981	90.67±10.066	78.33±14.443

对电子竞技员的 SF - 36 健康问卷调查分析显示,电竞选手比从业人员和教练的年龄都低,但 9 个项目的得分并没有高于从业人员和教练,甚至在一些得分上显著低于从业人员和教练,如 MH(精神健康)得分、HT(健康变化)得分;其他如 RP(生理职能)得分、BP(身体疼痛)得分、GH(总体健康)得分、VT(活力)得分与从业人员相近,但是低于教练。说明电竞选手虽然相对年轻,有的不满 20 岁,有的尚未成年,但是无论是躯体还是心理的健康状况并没有好于年龄更大的从业人员和教练,甚至更差。

4.4.3　电子竞技对身心的负面影响

1. 对眼睛的伤害

电竞选手都比较年轻,一般处于青春少年时期,是生长发育的黄金时期。然而参与电子竞技活动需要长时间注视电脑屏幕,这会使眼球处于高度紧张的状态,导致近视眼的产生。长期沉溺于电子竞技活动中,对视力的影响也极为明显。如上述五官科体检分析显示,超八成的电竞选手有近视眼。

2. 形成不良的肌肉记忆

根据电子竞技活动的设定,参与者在活动中可能会对键盘或者鼠标的某些按键进行过于频繁的操作,长时间以来会形成特定的肌肉记忆,导致参与者在电子竞技以外活动中保持这样的肌肉记忆,影响生活,形成不良的肌肉记忆。如参与者在《王者荣耀》竞技中,双手一直托举手机,操作主要靠两只手掌的大拇指;打《英雄联盟》的电竞选手需要长时间手握鼠标,等等。这些都易形成不良的肌肉记忆,长此以往则会产生病痛,如上述外科体检中提到的 Finkelsteins 试验阳性,就是由长期保持某种姿势过劳损伤导致的。

3. 身体免疫力下降

电子竞技活动对环境具有一定的要求,如果环境不清洁,如一些二手烟、键盘的细菌等不良因素会导致身体不适,长此以往身体免疫力下降,导致各种疾病的产生。另外,久坐不活动、饮食不规律和过度疲劳等自身因素也会导致身体免疫力下降,诱发疾病。如上述免疫检查结果显示,有2 名电竞选手免疫指标异常,再结合一些营养状况指标、血糖血脂指标、肝肾功能指标等,一些电竞选手确实存在健康问题。

4. 精神紊乱

中国电子竞技的发展得到了政府的肯定,并朝着职业化、多元化、可持续性的道路迈进,一些地方职业院校还开设了相关专业,但这项运动还没有在中国的环境中得到普遍开展和认可。长期沉溺于电子竞技活动中的电竞选手,易出现精神紊乱的症状,轻者经常出现焦虑不安、注意力不集中、神情恍惚等现象,重者则无法区分虚拟和现实。另外电竞选手可以说是压力最大的职业之一,职业要求他们时刻精神紧绷;另外一个是来自外界的压力,他们一旦在赛场上出现失误,观众的吐槽声会如潮水一般涌来。如《英雄联盟》电子竞技俱乐部 FPX 打野小天(高天亮),他本来是《英雄联盟》全球总决赛总冠军的 FMVP 选手,结果受到太多关注,只要他出现一个失误观众就会开始谩骂,导致其心理出现问题,在一场比赛中因压力过大出现呕吐情况,最终宣布暂别赛场。

综上分析发现,区别于传统的体育竞技项目,电子竞技运动有其特殊性。电竞选手作为电子竞技比赛的实际参与者,需要长期进行大量、高频、重复性的训练。通常一场职业电竞比赛持续 20~60 分钟不等,需要运动员在一段较长的时间内注意力高度集中,凝视电脑屏幕,并持续不间断地进行伏案操作(手指点击和敲击)。因此,电竞项目对选手在脑—眼—手等反射回路上的反应和执行速度的要求远高于其他类别体育竞技项目。长时间、高强度、凝视、静坐等方式的日常训练会给电竞选手带来如过劳、肥胖、颈椎病、腰椎病、眼屈光不正等诸多身体健康隐患。同时，电竞选手普遍年龄偏小，心理发育不成熟，较其他职业群体更容易出现心理问题，也更容易被忽视。某电子竞技俱乐部队医曾表示，当选手出现生理和心理症状后再治疗，往往已经错过了最佳干预时间。这也正说明了健康问题和健康隐患在电竞选手人群中可能普遍存在，且具有隐秘性。即便一些电子竞技俱乐部已经为电竞选手配备了一些医疗条件，但如果医疗人员缺乏对相关健康隐患的充分认识，没能及时发现和有效处理，再加之电竞选手普遍年龄偏小，自身缺乏健康管理意识，一旦出现健康问题，也必将阻碍他们的职业发展道路。

4.5　电竞选手健康管理建议

目前电竞行业正在快速发展，2020 年中国电竞整体市场规模已突破1 000 亿元，预计 2022 年将达到 1 651 亿元。目前《英雄联盟》职业联赛的职业战队中，不乏京东、苏宁、李宁、滔博、B 站等大公司资方。政策上的重视也凸显出来，如上海市要在 3～5 年内建成"全球电竞之都"，全方面支持电竞产业在上海的落地发展，北京则发布"电竞北京 2020 计划"，加快支持电竞产业发展。不管是看国内还是看整个世界，电竞行业早已是一片巨大的蓝海，电竞选手队伍不断扩大，所以行业内频频爆发的运动员健康问题已经不容再忽视，对其施行主动健康管理的意义重大。我国目前的医疗实践和学术研究还远不足以保障电竞选手的身心健康，需要更多的关注和投入。

基于本研究和对现有研究的综述结果，以及我们前期的一系列医疗实践经验，我们认为未来可以从以下几个方面来积极地开展电竞选手的健康管理和研究工作。

健康管理是一种对个人或人群健康危险因素进行全面管理的过程，其目的在于充分利用有限的资源以达到最大的健康效果，通过建立档案、健康评估、健康干预等方式来改变个人或群体不健康行为方式的干预手段。健康管理的实施在其他职业人群中已展现出了良好效果。有研究发现，开展健康管理有助于缓解亚健康人群的亚健康状态，纠正其不良心理问题，提高自我效能。还有研究表明，应用健康管理可以使脂肪肝患者生活方式明显改变，心理状况也发生了明显改善。

首先，电竞选手的健康管理可以依托社区卫生服务中心的家庭医生团队式签约服务来实现。2020 年发布的《上海市家庭医生签约服务规范》中提出，社区卫生服务机构应在覆盖本辖区常住居民签约服务基础上，以需求为导向，逐步与辖区内学校、企业园区、办公楼宇等功能社区人群进行签约。电竞选手作为青少年群体中的一个特殊职业群体，非常适合作为家庭医生签约的拓展服务对象。家庭医生团队可以借助其执业平台，为辖区内电竞从业人员提供综合的签约式家庭医生服务。由于青少年群体对互联网科技有较高的亲和性，家庭医生可以充分利用新型"互联网＋医疗健康"平台，为电竞选手提供更加便捷的线上健康管理服务。在为电竞选手提供健康管理的服务过程中，通过对健康档案数据的收集和科学分析，定期进行健康体检和健康宣教等干预，可对其常见病、多发病的预防和干预效果进行科学研究，逐步建立和完善电竞选手健康管理工作的行业规范和工作指南，促进该群体健康水平提升。

其次，电竞企业作为雇主，应该为包括电竞选手在内的所有电竞从业人员提供优良的身心健康保障措施。这些措施包括提供适宜的健康保险，积极组织电竞从业人员签约家庭医生服务，定期组织员工参加健康体检，配备心理咨询人员，优化工作制度，创造良好、健康的工作环境，等等。

最后，家庭医生可以充分利用"互联网＋医疗健康"平台，为电竞选手提供更加便捷、快速的健康管理服务。近年来，党中央、国务院高度重视"互联网 ＋ 医疗健康"工作，2018 年 4 月发布的《关于促进"互联网 ＋ 医疗健康"发展的意见》，强调要健全并完善"互联网 ＋ 医疗健康"服务体系，公共卫生服务、家庭医生签约服务、医联体建设等均被明确列为重点发展领域。在突如其来的新冠疫情影响之下，人民的生活方式发生了许多改变，对于各类互联网线上服务，尤其是对互联网医疗的需求和接受程度也越来越高。2020 年 4 月，全国首家社区互联网医院在上海市静安区彭浦新村街道社区卫生服务中心落地,从此家庭医生签约服务借助"互联网＋"技术得以延伸至线上进行,开启了未来社区医疗卫生服务的新形式和新局面。由于青少年群体对互联网科技有较高的亲和性,未来社区家庭医生可以在保证医疗安全和患者隐私的基础上,借助互联网线上诊疗平台,拓展签约服务所能覆盖的人群,并在此基础上,尽可能地拓展医疗健康服务的形式和内容,为电竞选手及类似职业群体提供更加便捷、高效的线上健康管理服务,以此提高各年龄人群对家庭医生签约服务的黏性和依从性,从而不断推动分级诊疗和家庭医生首诊制度的完善。

此外,目前针对电竞选手的疾病干预和健康管理等相关研究在国内外还存在巨大的缺口。因此,在当下家庭医生签约服务和互联网线上诊疗服务的基础上,电竞企业应与家庭医生团队合作,通过科学地对电竞选手的身心健康及疾病现况进行深入调查,了解健康需求,充分研究该职业人群的健康管理重点,积极开展疾病预防与干预措施。在医疗实践活动中总结科学经验,形成行业规范和指南,提高该群体健康素养和健康水平,以此促进电竞产业的良性发展和人群健康水平的提升。

电竞选手由于其从事运动的特殊性,其健康需求及职业病谱也有其特殊性,但目前针对电竞选手的职业病调查及健康管理相关研究在国内外尚处空白。因此,对电竞选手的身心健康及职业病现况进行深入调查研究,了解电竞选手的身心健康状况和需求,并为电竞选手等类似职业群体制定健康管理服务规范是十分必要的。作为第一家为电竞选手提供健康管理服务的医疗机构,彭浦新村街道社区卫生服务中心也将在未来的工作中,充分总结和研究该职业人群的特点和健康管理重点,以期形成行业规范和指南,为同行提供该类职业病人群的健康管理的实践经验与科学依据。

在当下家庭医生签约服务和社区互联网医院线上诊疗服务的基础上,家庭医生团队可以与企业开展合作,通过对电竞选手等职业群体提供综合、连续、便捷的健康管理相关服务,明确其身心健康状况及职业病谱,预防和治疗职业病,提高该群体的健康意识,从健康管理的角度来保障电竞选手的身心健康,延长电竞选手的职业寿命,以此促进电竞产业的良性发展和人群健康水平的提升。

第5章
上海青少年群体电竞参与行为

课题组通过对上海市电竞产业的青少年群体进行《青少年群体电竞参与行为问卷》初步调查(主要包括调研对象基本情况、行为与表现、对电竞的认知与态度、身心健康状况与电竞反馈),进而结合调查的四个方面研究调研结果,并给出相应电竞产教融合的建议。

5.1 问卷设计与发放

本调查问卷对上海市电竞产业的青少年群体进行了初步的调查。问卷共分为四大部分,即调研对象基本情况、调研对象的行为与表现、调研对象对电竞的认知与态度、调研对象身心健康状况与电竞反馈。

调查问卷的分发对象主要是黄浦区广大市民群体,共发放问卷3 000份,回收数量为2 772份,其中有效问卷2 541份。课题组同时针对浦东新区、嘉定区、闵行区、静安区、徐汇区、杨浦区6区也分别发放调查问卷2 000份,用来对黄浦区调查结果作出充分的补充分析。

5.2 典型区域问卷调查分析

5.2.1 调研对象基本情况

本问卷的第一部分对调查对象的基本情况进行了摸底调查。根据不同的人员属性进行维度划分,对调查对象的年龄、性别、收入水平、户籍状况、教育程度、所在行业、身心健康状况、学习状况等几个维度展开分析,以探究青少年电竞参与情况。

调研目标需区分不同年龄段的电竞用户,以此来比较不同年龄段之间的青少年电竞参与状况特征。因此本问卷将调查对象分为少年、青年与中年,分别将年龄限定为 14 岁以下、14～35 岁与 35 岁以上。同时也以性别为单位对不同性别人员的电子竞技参与度进行了比较分析。本问卷还就调查对象户籍地设定了不同选项,从人员结构的角度反映上海市黄浦区不同群体的电竞参与度。本问卷设定了最高学历水平、工作单位、月收入状况等一系列题项,从多维度探究了不同群体的电子竞技参与度特征状况。

根据调查问卷结果显示,调查对象中 14 岁以下人员与 14～35 岁人员分别占 27.20％、58.50％,35 岁以上人员仅占 14.3％。从性别结构上看,男性在调查人群中的占比约为 55％,女性约为 45％。调查人员中上海市户籍人口占比为 79％,其中城镇人口占比约为 47％,农村人口占比约 32％,外省人口占比约为 21％。从调查对象最高教育水平来看,初中、高中与大专这一群体共计 1 271 人,约占总调查人数的 45.85％;大学本科人数约为 1 098 人,约占总调查人数的 39.61％;硕士、博士研究生共计 403 人,约占总调查人数的 8.83％。从调查对象的工作单位来看,中学生群体约占总调查人数的 39％,无业与自由职业者占总调查人数的 26％,国企、外企、民企职工约占总调查人数的 27％,机关事业单位职工约占总调查人数的 8％。对调查对象的月收入进行了初步统计,其中 38.5％的人月收入在 8 000～10 000 之间,21％的人月收入在 10 000～20 000 之间,月收入超过 2 0000 的人仅占总数的 7％。

根据上述对调查对象基本信息的描述可知,本次调查对象基本在 35 岁以下,其中 14～35 岁人员群体占比数量最大,同时该群体也是参与电竞活动最为广泛与频繁的群体。从男女比例来看,本次调查对象中男女比例相对均衡,这也为进一步精准地研究分析提供了保证。本次调查对象中上海市户籍人口占总数的 79％,这一比例对于佐证上海市黄浦区青少年电竞参与行为的结论分析具有积极意义。上海市作为我国经济中心城市,教育水平与工资水平在全国范围内均处于领先行列。根据上述基本情况,我们看到本次调查对象的平均受教育水平与收入水平基本与上海市总体水平相符合。

5.2.2　调研对象的行为与表现

本问卷第二部分为调研对象的行为与表现,我们将题项设定为电子游戏、电竞赛事、电竞消费三大板块。

第一板块为电子游戏。电子游戏的定义是指所有依托于电子媒体平台而运行的交互游戏。电子游戏按照游戏的载体划分,可分为街机游戏、掌机游戏、电视游戏、电脑游戏和手机游戏(或称移动游戏),是指人通过电子设备(如电脑、游戏机及手机等)进行的游戏。电子游戏发展至今,已经发展出很多的种类供玩家选择。第二板块为电竞赛事。电竞赛事是电子竞技文化传播的重要载体,近年来在国际体育组织的强力推动和政府政策的大力支持下,我国的电竞赛事迎来了井喷式发展。第三板块为电竞消费。电子竞技消费是文化消费的一种细分形式,是消费者通过不同的方式来购买与电子竞技游戏相关的产品和服务的行为,从而满足自身对电子竞技游戏高超技巧运用、电子竞技赛事表演的欣赏、体育精神的敬仰等精神文化需求,以及对电子竞技赛事、直播、周边等产品的占有及享用。电子竞技消费内容当下主要分为电子竞技游戏产品、电子竞技直播产品、电子竞技赛事产品、电子竞技其他产品四部分。

本问卷的第二部分根据调查对象接触电子游戏的程度、时间、类型与设备选择、电子竞技队友匹配情况以及每日进行电竞活动的时间设定了题项。根据调查对象接触电子竞技的程度将其划分为职业选手、业余选手、普通玩家等几个选项,将调查对象依据接触电子竞技的不同程度这一维度区别开来,同时设置开放问题,对调查对象接触电竞游戏的时间做进一步了解。本问卷还依照当下不同游戏类型这一维度,依照不同调查对象的游戏偏好,将用户划分为射击类、战术类等不同游戏类型的喜好者。同时不同的电竞设备选择、电竞游戏同伴匹配偏好也在本问卷考虑之中,并设置了相应选项。根据以上几个维度我们对受访者参与电子竞技的基本状况作出了简要的了解,从而摸底上海市黄浦区整体的电竞渗透情况与电竞用户的选择偏好,判断是否存在产业支持所需的电竞文化积淀。

在电竞赛事这一部分中,根据有无支持的固定电竞战队、用户观赛频率、渠道、动因以及赛事偏好等众多维度对调查对象进行了区分。依据有无支持的固定主队这一选项,我们可以判断俱乐部品牌建设状况,并为职业电子竞技俱乐部品牌构建、形象传播等根据研究报告结果作进一步规划。观看电子竞技的渠道在问卷中分为五类,涵盖目前所有主流渠道。得益于普及的移动设备与发达的线上直播平台,预计直播平台线上观看比率将持续扩大。本问卷将从年龄、性别、收入、学历多角度探究以上因素对不同赛事选择的影响,并为下一步规划作出数据依托。

在电竞消费这一部分之中,本问卷分为当前电竞消费类型、月度和半年度电子竞技领域消费金额、电子竞技消费趋势几个维度,涵盖了电竞消费的主要方面。通过分析以上数据,可以对上海市黄浦区电竞用户的消费偏好作出基本判断。同时将电竞消费类型划分为游戏本身消费与游戏周边消费两大类型,根据调研结果判断电竞赛事的商业模式发展程度。

从电子游戏在调查对象中的普及程度看,没有接触过电子竞技游戏的人数仅占可收回问卷总数的 4.5%,而普通玩家占比达 84.6%,职业选手与业余选手占比为 10.9%。同时有超过 80% 的调查对象接触电子竞技已超过 5 年。从调查结果来看,上海市黄浦区电竞游戏在社会中渗透率较高,具有开展电竞活动、发展电竞产业的社会民意基础。根据游戏类型统计,在青年中最受关注的项目为战术类游戏与射击类游戏,其中战术类游戏占主导,且年轻群体更加喜好战术类游戏。就电竞设备使用统计结果看,手机是最受青睐的电竞设备。随着年龄增加,台式电脑的使用比例逐渐扩大,同时电竞设备的选择与使用与收入水平、游戏习惯、群体特征都具有显著的联系。在选择游戏晚班时,37.50% 的青年人群更加青睐与现实中的朋友一起,而 27.27% 的人群选择在游戏时进行随机匹配,可以看到电竞提供了另一种"虚拟与现实"结合的社交方式。在受访青年群体中,工作日有 50％的电竞玩家每日游戏时长超过 1 小时,而周末时间普遍更长,超 70％的电竞玩家游戏时间超过 1 小时。同时,60％的调查对象单日游戏时间在 18:00 之后,其中 35.98％的调查对象选择在 18:00～21:00 间玩游戏。

俱乐部品牌建设调查结果显示,在调查对象中,没有固定"主队"的达到 78.51％,有固定主队以及曾经有固定主队的相加仅占约两成,这反映出目前俱乐部品牌建设仍存在粉丝转化率与留存率偏低等问题,职业电子竞技俱乐部的品牌构建、形象传播仍需进一步努力。在赛事期间,14～35 岁青年观看赛事频次最高,其中高频观看者约占总数的 8.12％,电竞用户人群结构始终保持着年轻化,由此看好电竞产业具有可持续的成长性。在观看比赛的电竞观众中,仅有 12.50％的用户会前往现场观战,而直播线上平台观战的人员占比达 78％,其中 14～35 岁电竞观众是现阶段直播平台的受众主体。考虑到往返赛场的交通与时间成本,有限的观众容纳数量以及较少的购票渠道和与之相对的成熟的线上直播体系,都使得用户更加倾向于线上直播平台。

根据回收问卷结果统计,青少年对于电竞赛事的关注呈现多样化。其中《英雄联盟》占比达 24.50％,《王者荣耀》以 20.63％的占比位列其后,以《和平精英》为代表的射击类游戏占总数比例为 13.83％。从年龄结构上看,14 岁以下年龄段的用户更加偏好《王者荣耀》,而 14 岁到 35 岁年龄段的用户更加偏好《英雄联盟》。整体上看,《王者荣耀》与《英雄联盟》赛事的受欢迎程度在不同年龄段之间呈现互补特点。

在电竞消费项目调研中,统计结果显示,近 60％的电竞用户存在电竞消费的经历,其中最多的行为是购买游戏内物品(皮肤、装备等)。而购买线下门票以及战队选手周围系列产品占比不超过 15％,这进一步反映出游戏本身的内容消费更具吸引力,而电竞赛事的商业模式仍存在巨大的上升发展空间。从电竞消费金额上看,月消费低于 100 元的用户占比达 45.5％,而近 76.1％的用户月消费不超过 500 元。同时我们看到由于疫情的影响,与过去一年相比,2020 年电子竞技消费趋势显著增加,未来需要进一步开发多种模式,多渠道、全方位满足用户消费需求,进一步拉动产业活力,激发电竞用户消费潜力。

5.2.3　调研对象对电竞的认知与态度

本问卷第三部分为调研对象对电竞的认知与态度。

基于目前电竞用户对电子竞技的基本态度,我们认为电竞运动近年来越来越受到年轻一代的喜爱,有大量青少年都参与其中。但由于电竞项目是在电子游戏的基础上成长起来的,同时不少人对电竞了解较少,导致部分青少年不能正确对待电竞运动,甚至不少人认为电竞运动就是电子游戏,致使社会各界对电竞运动存在一定质疑。同时,许多了解电竞的青少年是通过网络来认识电竞运动的,如在网上看到各类电竞赛事的宣传、视频等,或者身边朋友接触过电竞比赛,使得他们对这方面的规则、赛事等有一定了解。然而其中大多数青少年仅仅将电竞运动当作自己的业余兴趣爱好进行培养,对于青少年是否会最终考虑电竞作为职业规划,目前的分析尚且不够深入。

本问卷第三部分按照青少年对于电竞游戏、电竞赛事、电竞发展前景以及自身职业规划几个维度划分青少年对电子竞技的认知与态度。通过分析当代青少年对电竞的看法,一定程度能够反映出当前我国电竞项目整体发展情况,具有一定的现实意义。年轻一代作为电竞发展的风向标,改变当前社会各界对电竞的质疑也需要发挥年轻人引领的作用,不断渗透电竞文化,为整个电竞行业的可持续发展创造条件。

调研结果显示,不同年龄段之间对于电子竞技发展本身的意义与其对传统竞技体育发展带来的影响存在较大分歧。14～35 岁年龄段之间有 56% 的人认为电竞活动对体育存在着积极作用,37.5% 的人对电竞与传统体育共同发展前景持中立态度,还有 6.5% 的人认为电竞对体育存在消极作用。从上述统计数据可以得知,青少年对于电竞事业的发展整体持积极态度,青年电竞玩家观看电竞赛事、参与电竞活动的频率与整体统计结果特征也基本吻合,电竞已成为支撑青少年业余活动的重要组成部分。

根据电竞产业发展前景统计,调查对象中 74.9% 的青少年对电竞产业发展前景持有客观态度。随着上海市近年来为加速打造"全球电竞之都"出台的一系列相关扶持政策，以及各项顶尖电竞赛事落户上海，在调查对象中高达 37% 的青少年对此有不同程度的了解，并支持上海建设成为"全球电竞之都"。但对于未来就业规划选择问题，尽管与迅速发展的电竞产业相比，目前我国电竞人才缺口巨大，仅有 10% 的人愿意投身电竞相关行业，而超过 76.1% 的青年人对投身电竞行业仍持观望态度。

5.2.4 调研对象身心健康状况与电竞反馈

本问卷第四部分为调研对象身心健康状况与电竞反馈。

本部分通过问卷调查的方式，列出了反映电竞用户心理健康状况的相关因素以及进行电竞活动的反馈因素。将问卷的调查对象作为研究对象，将得出的结论进行分析。第四部分主要列举了几项典型的反映用户身心状况的要素，如"无法将重物举过头顶""走两公里路会有苦难"等，这几项问例可以反映调查对象的身体情况；而"觉得很孤独、没有朋友""经常出现神经过敏，心里不踏实的感觉"等问例可以对调查对象的心理健康状况做一个基本的统计；"打游戏后会出现头痛""头脑中经常有会游戏角色的语音"等问例可以收集用户进行电竞活动的反馈情况。根据以上各项问例所聚焦的要点，并结合已知的电竞用户的整体特征，形成了上海市黄浦区青少年群体参与电竞情况调研报告的第四部分。问例中的每个问题采用单选的形式，在"1. 从来没有；2. 频率较低；3. 说不清；4. 频率较高；5. 频率非常高"5 个选项中选择一个符合自己状况的描述。

调研结果显示，不同年龄段的用户身心健康状况与电竞反馈问卷结果存在较大差异。14～35 岁之间的人群身心健康指标测试结果明显好于 14 岁以下调研对象，同时 14～35 岁调查对象的电竞体验反馈结果也好于 14 岁以下群体。可以解释以上结果的原因有，目前各种电竞游戏的内容参差不齐，作为电竞项目的对战类游戏，如经典的《反恐精英》和现在大火的《绝地求生》等游戏中都充满了暴力、血腥等成人化的内容，对青少年的身心健康发展不利；而《王者荣耀》等杂糅了中国历史、神话人物，进行二次创作却不加以说明(如将荆轲刻画成女性形象),也会混淆青少年的历史观,造成错误认知,影响青少年三观正确养成。因此对于广大的青少年用户群体以及不可避免地要长期接触相关游戏内容的未成年职业选手,我们应对其进行正确的引导和教育,各电竞俱乐部应配备相应的青少年心理、成长健康辅导人员,各电竞企业也应理性发展,积极承担社会责任,加强心理健康教育建设,在开发游戏的同时进行防沉迷防暴力系统开发建设。

以上调研结果显示,电竞游戏与电竞活动在青少年群体之中渗透率较高,已经初步形成了为电竞产业下一步加速发展的文化积淀。同时大量年轻群体投身于电竞产业,以及伴随着政府、社会层面的政策、资金支持,电竞产业具有充分继续成长的可能性,对电竞产业的乐观态度已成为青少年群体主流。同时从调研结果可以看到,当前电竞俱乐部职业化进程进一步提速,俱乐部赛事宣传、周边产品打造等一系列消费新模块也正加速发展,但目前仍需进一步加强品牌建设。当下电竞消费也大量集中于游戏领域,商业模式仍存在进一步改进发展空间。在面对电竞游戏、电竞赛事与青少年健康成长这一问题时,应限制及规范部分青少年电子竞技体育赛事,保证赛事内容积极向上,并督促赛事承办方在赛事推广期间弘扬正能量,帮助青少年形成正确的价值观及世界观,从而保护青少年身心健康成长。

5.3　其他地区问卷调查分析

本研究主要选择黄浦区发放调查问卷,对青少年群体参与电竞的参与程度展开调研。黄浦区是上海的金融机构密集区,素有"金融区"之称的黄浦区发达的第三产业与成熟的体育消费模式为电子竞技产业在黄浦区发展奠定了基础。同时,课题组也在浦东新区、嘉定区、闵行区、静安区、徐汇区、杨浦区 6 区内分别进行问卷发放,对黄浦区的调研结果提供补充,同时增加抽样结果的可代表性。

6 区内发放的调查问卷与黄浦区发放的问卷一致。调查问卷第一部分结果显示,调查对象中 14 岁以下人员 6 区内综合占比在 24% 至 29.7% 之间,由此可见青少年群体的电竞参与率在上海市各区域之间差距不大,黄浦区的比率接近上海市的青少年电竞参与率平均值,其结果具有显著代表性。同时从性别结构上看,男性参与者在调查对象中的占比在 52.3%～57.1% 间浮动,受访人员中上海市本市 6 区总户籍人口占比平均值约为 76.2%,其中城镇人群占比约为 44.2%。从调查对象最高教育水平来看,初中、高中与大专这一群体约占总调查人数的 39.17%,大学本科人数约占总调查人数的 32.64%。从受访群体的调查对象工作单位来看,6 区内学生群体、无业与自由职业者合占总数的 59%。课题组对调查对象的月收入进行了初步统计,其中 37.4% 的调查对象月收入在 8 000～10 000 之间,23.4% 的调查对象月收入在 10 000～20 000 之间,月收入高于 20 000 的调查对象仅占总数的 7.6%。

根据对上述调查对象基本信息的描述可知,本次调查对象基本在 35 岁以下,其中 14 岁以下人员群体占比较大,同时该群体是参与电竞活动较为广泛与频繁的群体,也是进一步制定电竞发展政策应着重关切的青少年群体。从男女比例来看,本次受访群体中男女比例相对均衡,这也为进一步精准的研究报告分析提供保证。本次 6 区的调查对象中上海市户籍人口占总数的比重均在 71.2%～78% 之间,与黄浦区受访人群的比重基本一致,这一比例对于佐证上海市黄浦区青少年电竞参与行为的结论分析具有积极意义。

本问卷第二部分为调研对象的行为与表现,题项同样是电子游戏、电竞赛事、电竞消费三大板块。三大板块的具体解释与黄浦区调研报告基本一致。根据报告有效回收结果来看,电子游戏在 6 区的受访人群中普及程度同样处于较高水平,没有接触过电子竞技游戏的人数占可收回问卷总数的比率低于 4%,普通玩家占比均在 80% 以上,同时有超过 80% 的调查对象接触电子竞技已超过 5 年。从调查结果来看,电竞游戏在上海市青少年中渗透率较高,未来具有进一步开展电竞活动、扩大电竞产业的人群基础。6 区调研结果显示,在青年中最受关注的项目为战术类游戏与射击类游戏,且年轻群体更加喜好战术类游戏。就电竞设备使用统计结果看,电竞设备的选择和使用与收入水平、游戏习惯、群体特征都具有显著的联系,手机是青少年最青睐的电竞设备。在 6 区调查对象中,工作日平均有 50% 的电竞玩家每日游戏时长超过 1 小时,而周末时间普遍更长,超 70% 的电竞玩家游戏时间超过 1 小时。在赛事期间,14~35 岁青年观看赛事频次最高,其中高频观看者约占总数的 8.12%,电竞用户人群结构始终保持着年轻化,由此看好电竞产业具有可持续的成长性。在 6 区观看比赛的电竞观众中,仅有 12.50% 的用户会前往现场观战,而直播线上平台观战的人员占比达 78%,其中 14~35 岁电竞观众是现阶段直播平台的受众主体。考虑到往返赛场的交通与时间成本,有限的观众容纳数量以及较少的购票渠道和与之相对的成熟的线上直播体系都使得用户更加倾向于线上直播平台,这些结果也反映出未来应进一步制定针对青少年的线上直播规范。同时根据 6 区回收问卷结论统计,青少年对于电竞赛事的关注呈现多样化。其中《英雄联盟》《王者荣耀》最受青少年的关注,《王者荣耀》与《英雄联盟》赛事的受欢迎程度在不同年龄段之间呈现互补特点。在电竞消费项目调研中,统计结果显示,不同区虽然略有差异,但平均有 55% 的电竞用户存在电竞消费的经历。其中最多的行为是购买游戏内物品(皮肤、装备等)。从电竞消费金额上看,6 区月消费低于 100 元的用户仍是用户总体的主体,占比平均达到 49.8%,而近 76.1% 的用户月消费不超过 500 元。

本问卷第三部分为调研对象对电竞的认知与态度,此部分按照电竞游戏、电竞赛事、电竞发展前景以及自身职业规划几个维度划分青少年对电子竞技的认知与态度。根据 6 区内综合结果进行总结汇报,结果显示大部分青少年认为电竞活动对体育存在着积极作用,在不同区域内均有 50% 以上的青少年认为开展电竞活动、发展电竞事业具有积极作用。由上述统计数据可知,青少年对电子竞技的正面态度在不同区域之间基本吻合,电竞已成为支撑青少年群业余活动的重要组成部分。根据电竞产业发展前景统计,调查对象中平均 69.5% 的青少年对电竞产业发展前景持有客观态度,其中黄浦区比率最高,达到 74.9%。随着上海市近年来为加速打造"全球电竞之都"出台的一系列相关扶持政策,以及各项顶尖电竞赛事落户上海,在调查对象中约 20％的青年人对此有不同程度的了解,黄浦区作为经济发达、赛事活动举办频繁的区域,对此了解的人群比率最高,有 37％左右的调查对象对此政策表示了解。本问卷第四部分为调研对象身心健康状况与电竞反馈,6 区调研结果显示,14～35 岁之间的人群身心健康指标测试结果明显好于 14 岁以下调研对象,同时 14～35 岁调查对象的电竞体验反馈结果也好于 14 岁以下群体。因此对于广大的青少年用户,我们应对其进行正确的引导和教育,各电竞俱乐部应配备相应的青少年心理、成长健康辅导人员,各电竞企业也应理性发展,积极承担社会责任,加强心理健康教育建设,在开发游戏的同时进行防沉迷防暴力系统开发建设。

在以上 6 区内的综合调研结果显示,不同区域之间的青少年电竞游戏参与活跃度差别不大,电竞游戏与电竞活动在青少年群体之中已达到较高的渗透率,初步形成了电竞产业下一步加速发展的积淀。同时我们在面对电竞游戏、电竞赛事与青少年健康成长这一问题时,应限制及规范部分青少年电子竞技体育赛事,针对青少年参与电竞这一热点问题加快出台针对性政策文件,在推动电子竞技加速发展的同时做到对青少年的保护,帮助青少年形成正确的价值观及世界观,从而保护青少年身心健康成长。

5.4　上海电竞产教融合建议

《国务院办公厅关于深化产教融合的若干意见》（国办发〔2017〕95 号）指出,将产教融合作为促进经济社会协调发展的重要举措,融入经济转型升级各环节,贯穿人才开发全过程,形成政府、企业、学校、行业、社会协同推进的工作格局。2019 年 9 月 25 日,国家发展和改革委员会联合六部委共同发出《关于印发国家产教融合建设试点实施方案的通知》,进一步明确深化产教融合,促进教育链、人才链与产业链、创新链的有机衔接。另一方面,自 2016 年"电子竞技运动与管理"专业成为教育部职业教育与成人教育司公布的增补专业以来,高校开设电竞专业的热潮便一浪高过一浪。2018 年 1 月,中国高校电子竞技联盟由全国高等院校计算机基础教育研究会、中国传媒大学动画与数字艺术学院牵头成立,该联盟的成立也体现了国内电竞人才培养的探索尝试。

新一轮的产教融合建设能够为电竞行业健康发展和电竞产业人才培养提供良好的政策环境和有利的推进机遇。本研究报告通过分析电竞产业产教融合建设的现实诉求以及面临的问题,从树立协同意识以及科学合理制定产教融合建设规划、破解行业企业对产教融合建设不主动的现状、充分优化电竞产业产教融合的资源配置三个方面提出对策建议。

1. 树立协同意识,科学合理制定产教融合建设规划

一是结合国家政策、地方经济、职业教育发展战略,发挥职业院校专业优势,明确产教融合平台整体建设的方向,在院校、行业企业以及地方政府之间进行深度合作,建立适合不同区域经济发展、形式多样的产教融合。二是提升企业参与产教融合建设的积极性。在产教融合建设过程中,要真正发挥企业的主体作用,进一步提升企业参与的广度与深度,这是产教融合建设的基础与保障。通过拓宽企业参与渠道推进开设电竞专业职业院校的教学改革,发挥企业在职业院校的专业设置、教学过程、教材开发、教学设计和实习实训等方面的主导作用,形成共同育人、共同开发以及共享资源的局面。2019 年 1 月 24 日,国务院颁发的《国家职业教育改革实施方案》(简称《方案》)针对企业参与职业教育积极性不足的现状,提出在开展国家产教融合建设试点基础上,建立产教融合型企业认证制度,对进入目录的产教融合型企业给予"金融＋财政＋土地＋信用"的组合式激励,并按规定落实相关税收政策。

2. 破解行业企业对产教融合建设不主动的现状

电竞领域的前沿研究是职业院校的优势,在产教融合建设过程中,职业院校应该发挥知识传承和创新的优势,为企业提供产品生产方面的支持,激发企业参与产教融合建设的积极性,使院校和企业共同参与的专业人才培养关系更加融洽。从优化产教融合内涵的角度出发,可以构建从区域、省市到国家产教融合的逐级体系,建成有特色、有层级的产教融合群,注重平台的内涵建设。要破解行业企业对产教融合建设不主动的难

题,教育管理部门可以发挥纽带作用,把企业、职业院校、行业组织等多元主体聚集在一起,依据行业企业结构调整、转型升级的要求,及时发布权威人才政策、行业企业人才需求数量和结构等资讯,高效对接行业企业人才发展需求。

3. 充分优化电竞产业产教融合的资源配置

电竞产业产教融合建设应成为区域创新的重要节点,使企业与职业院校的产业技术研究院、科技孵化器等载体与平台相互串联,促进创新资源在区域内有效流动与利用,促进各个创新主体构建知识网络嵌入性关系,进行开放创新与协同创新。产教融合硬件资源一般包括资金、场地、设备等硬件要素,产教融合设备投入应分层次、有重点支持,保证资源共享原则,提高设备使用效率;软件要素包括人员、研究方向、交流与合作等。"物化"的技术与"人化"的技能要齐头并进,相得益彰。另外,产教融合建设应加大开放力度,增强社会认同感。高水平的电竞产业产教融合模式既能够保证电竞专业学生在产教融合中学习、成长,营造良好的学术氛围,又能够使电竞行业企业以此获得相应的行业发展资源和所需的电竞专业人才。

第 6 章
电竞文化对青少年价值观的影响与应对策略

毋庸置疑,电竞以其独特的魅力吸引着越来越多的青少年,电竞所倡导的精神内核对正处于价值观形成关键阶段的青少年的影响是举足轻重的。一方面,"电竞选手≠网瘾少年"等观念已经逐渐被大家所认可,电竞也有利于培养青少年的公平竞争意识、顽强斗争和团结协作精神;另一方面,和足球、篮球等传统体育运动项目相比,电竞毋庸置疑是一个复杂的话题。因此,在新时代开展电竞文化对青少年价值观影响的研究并探索其应对策略,有着重要的现实意义和时代意义。

6.1　研究对象及研究方法

6.1.1　研究对象

本研究的研究对象为 16～30 岁的电竞青少年。选择 16～30 岁的青少年作为研究对象主要基于以下几个原因:① 电竞运动员职业生涯的高峰通常在 18～23 岁;② 电竞国际赛事一般都有 16 岁为最低参赛年龄的限制;③ 多个国家相关法律都有类似的规定:未满 16 岁的青少年要在父母及监护人同意下才能启用许多游戏和程序(包含 Facebook)的某些功能,《英雄联盟》等游戏也是其一;④ 由上海市电竞运动协会、上海市质量与标准化研究院等共同起草的《电竞直播转播平台管理规范》规定,直播平台应该规范向未成年人提供的付费充值等服务,应采取有效措施限制未成年人使用与其民事行为能力显著不符的付费服务,16岁以下月充值不得超过200元。本次调查涵盖了电竞职业选手、电子游戏爱好者、电竞爱好者及电竞相关从业者四种不同的青少年类型,并根据就学阶段将青少年群体进一步区分为中学生、大学生、非学生三种类型,为整体全面地看待电竞文化对不同类型、不同就学阶段的青少年群体价值观的影响提供了坚实的基础。

6.1.2　研究方法

本研究所采用的方法主要有文献分析法、定量和定性相结合的研究方法。

电竞是在科技飞速发展的大背景下,计算机软硬件技术、网络技术及通信技术的发展中诞生的,是一项集竞技、科技、娱乐、时尚于一体的新兴体育项目。在研究中,我们一方面梳理了国内关于电竞文化和青少年价值观培育的相关文献;另外一方面,通过文献搜索,总结美日韩等国的电竞文化的特点及其对青少年的影响,进而和我国进行对比分析。

我们发现,国内有关电竞的研究主要集中在电竞运动发展、电竞产业发展、电竞教育、电竞文化以及电竞和青少年成长等领域,对于电竞文化对青少年价值观影响的研究较少。相关研究在研究群体上以大学生为主,缺乏对实际上处于电竞职业高峰期的中学生群体的关注;在研究视角上,相关研究集中于探讨电竞文化对青少年的网络成瘾、身体健康、心理健康、认知功能等方面的负面影响,以及社会责任、思政政治工作等实践导向的研究,对电竞文化的实际内涵和意义的认识有失偏颇;最后,以往研究中也往往未认识到电竞和网络游戏的区别,导致对价值观影响机制和价值观引导策略的相关研究不够具体和深入。基于以上文献梳理的工作,本课题组制定出一份针对电竞文化对青少年价值观影响情况的调查问卷,并开展了详细深入的统计分析工作。

为了解青少年群体的价值观总体情况,尤其是电竞文化对个体和群体的影响,本课题组采用了问卷调查的方式开展定量研究,但电竞职业选手、电子游戏爱好者、电竞爱好者、电竞相关从业者这些不同群体对电竞文化的理解有所不同,所接触的电竞文化载体不一样,对其价值观的影响方式和路径也有很大差别,因此需要通过座谈会、访谈等形式深入了解。为此,本课题组在实地调研中采取了将定量研究(调查问卷法、统计分析法)和定性研究(半结构式访谈、个人生活史和参与观察)交叉整合的途径,为本研究的代表性和有效性提供了方法论上的支持。

1. 问卷调查

问卷调查的工作主要是 2021 年 8 月至 10 月在上海市电竞运动协会、沪上高校(华东师范大学、上海体育学院及设置电竞相关专业的高职院系等)、沪上设置电竞相关专业的中职学校(上海市行政管理学校等)及有关电竞俱乐部的支持下完成的,对电竞爱好者、电竞职业选手、电竞相关从业者和电子游戏爱好者进行问卷调查,共收到有效问卷 511 份。

2. 座谈会和访谈

座谈会和访谈的对象为:上海市电竞运动协会有关负责人,设置电竞相关专业的高校和中职学校教师,电竞俱乐部负责人,有特色的电竞项目粉丝群成员。

6.1.3　样本及其代表性的说明

因为疫情影响,问卷调查是以网络调查的方式开展的。本课题组一共回收有效问卷 511 份。以下从样本的性别分布、年龄分布、电竞参与类型、就学阶段四个方面对样本的基本情况进行说明。

1. 性别分布

表 6 - 1　性别分布频次表

性别	频率	百分比	累计百分比
男	268	52.4	52.4
女	243	47.6	100.0
总计	511	100.0	

本次调查中,男性样本为 268 人,占总样本量的 52.4%;女性样本为 243 人,占总样本量的 47.6%。样本性别分布合理,男女比例均衡。

2. 年龄分布

从样本的年龄分布上来看,年龄为 16～18 周岁(不含 18 周岁)的有 130 人,占样本总数 25.4%;年龄为 18～24 周岁(不含 24 周岁)的有 261 人,占样本总数 51.1%;24～30 周岁为 120 人,占样本总数 23.5%。可以看出,本次调查样本年龄集中在 18～24 周岁(不含 24 周岁),占比达一半以上。总体上来看,样本的年龄分布比例大概为 1:2:1,较为均衡。

表 6-2　年龄分布频次表

年　　龄	频率	百分比	累计百分比
6～18 周岁(不含 18 周岁)	130	25.4	25.4
18～24 周岁(不含 24 周岁)	261	51.1	76.5
24～30 周岁	120	23.5	100.0
总　　计	511	100.0	

3. 电竞参与类型

根据青少年电竞参与的类型,本课题组将调查对象身份类型分为电竞爱好者、电竞职业选手、电竞相关从业者和电子游戏爱好者四种。其中,"电子游戏爱好者"样本量为 288,占比最高,占样本总量的 56.4%;"电竞职业选手"样本量为 19,占比最低,仅占样本总量的 3.7%;"电竞相关从业者"样本量为 78,占比也偏低,占样本总量的 15.3%;"电竞爱好者"样本量为 126,占样本总量的 24.7%。总体上来说,本次调查对象以电子游戏爱好者和电竞爱好者为主,电竞职业选手和相关从业人员占比较少。

表 6 - 3　青少年电竞参与类型频次分布表

类　　型	频率	百分比	累计百分比
电竞爱好者	126	24.7	24.7
电竞职业选手	19	3.7	28.4
电竞相关从业者	78	15.3	43.6
电子游戏爱好者	288	56.4	100.0
总　　计	511	100.0	

4. 就学阶段

表 6 - 4　青少年就学阶段频次分布表

就　学　阶　段		频率	百分比	累计百分比
有　效	中学生	107	20.9	25.4
	大学生	210	41.1	75.1
	非学生	105	20.5	100.0
	总　　计	422	82.6	
缺　失	99	89	17.4	
总　　计		511	100.0	

在就学阶段的调查统计中,课题组共得到 422 个有效样本。其中,大学生共 210 人,占比最高,占总样本的 41.1%;中学生和非学生分别为 107 人和 205 人,占总样本的 25.4% 和 24.9%。总体上看,中学生、大学生和非学生的比例大致为 1∶2∶1,分布较为协调。

综上,调查样本在性别分布、年龄分布、电竞参与类型和就学阶段方面的分布都较为均匀,与课题组预期的样本分布情况基本相符。与以往研究相比,对青少年群体的划分更为细致和全面,不仅在青少年就学阶段类型上增加了对中学生和非学生群体的关注,而且区分了电竞爱好者、电子游戏爱好者、电竞职业选手和电竞相关从业者四种电竞参与类型,有效提高了调查结论的有效性和普遍性。更为重要的是,课题组在调查研究中对作为体育运动的电竞和作为娱乐项目的电子游戏进行了区分,进一步澄清了电竞文化的内涵和外延,为探究电竞文化对青少年价值观的影响机制和应对建议奠定了更为科学和可靠的基础。

6.2 电竞文化对青少年的社会影响力

6.2.1 我国电竞文化的社会影响力

1. 电竞文化力求与大众主流文化合流,实现"破圈",电竞游戏成为普及电竞文化的重要载体

电竞的影响之广、之深,使其已然成为一种不容忽视的体育文化现象。这一正努力破除"小众"、"离经叛道"与"电子海洛因"等桎梏的竞技项目,迅速进入大众视野。调查显示,有67.5%的受访者表示"接触过电竞",这一近3/4的比例对全国9.89亿网民规模的大基数而言也十分可观。此外,大众的电竞与电子游戏参与度也越来越高。调查数据表明,62.7%的受访者每天参与电竞(含游戏)的时长超过了1个小时,其中4个小时以上的达到了14.5%,电子游戏以其高度可接触性与便捷性正吸收并促使着普通大众向电竞观众、电竞爱好者等身份转化,是电竞普及的重要渠道。

从Newzoo的《2021全球电竞与游戏直播市场报告》中也可窥见,电竞正势不可挡地在国内乃至全球占有一席之地。该报告表明,2021年中国成为核心电竞爱好者最多的区域,人数达到9 280万,超过了美国和巴西。因此,未来的一段时期,正是电竞扩大知名度与认可度的重要阶段,也是电竞文化跻身主流文化的大好机会。与此同时,理性看待电子游戏与电竞之间的关系、正确引导电竞文化下的反叛亚文化现象以及严格监管过度的游戏消费现象、大力倡导电竞文化输出等热点议题,将成为电竞经济、电竞文化以及相关产业健康发展的重要主题,对社会与国家治理而言既是机遇也是挑战。

表 6 - 5　是否接触过电竞

	频率	百分比	有效百分比	累计百分比
是	345	67.5	67.5	67.5
否	166	32.5	32.5	100.0
总　计	511	100.0	100.0	

表 6 - 6　每天参与电竞(含游戏)的时长

	频率	百分比	有效百分比	累计百分比
不到 1 小时	191	37.4	37.4	37.4
1～2 小时	169	33.1	33.1	70.5
2～4 小时	77	15.1	15.1	85.5
4 小时以上	74	14.5	14.5	100.0
总　计	511	100.0	100.0	

2. 电竞文化通过手游、比赛、网络宣传平台等形式进入青年人的生活

电竞文化与青年群体的连结交融以及其关系动态变化相当值得关注。随着青年人的生活与展演向以互联网为代表的"第三空间"延伸，电竞文化正以多种多样的渠道及形式渗透进青年群体的精神世界和生活实践中。在"接触电竞时长"这一题项中，54％的受访者接触电竞的时间在三年以内，同时有 46％表示接触电竞已达三年以上，其中 7.8％的受访者表示接触电竞已经超过了 10 年。在某种程度上看，受访者的选择中也暗藏着中国电竞及其受众的发展脉络。电竞不同于普通的体育竞技项目，具有一定的高科技软、硬件设备使用门槛，这表明自电竞被确定为正式体育竞赛项目后，随着互联网技术的普及和升级，越来越多的公众触网，越来越多的网民开始关注电竞、走进电竞、了解电竞。

另一方面,电竞文化在部分青年人的关注、参与和建构中不断地被传递与完善,逐渐扩散到各个群体与阶层中,这些人又通过手游、比赛和网络宣传等媒介实现电竞文化信息的交换和巩固。调查数据显示,受访者通过线下电竞比赛、移动端电竞、粉丝群、网络平台、电竞文创产品以及影视剧的渠道了解并接触着电竞,电竞文化就是在这样多主体、多中心、多层次的互动中实现了自身的迭代与赓续,再与更多样的群体、更多元的亚文化现象产生联结,最终形成一股合力,冲击并强势进入更大范围的青年群体的生活及主流文化之中。

表 6-7　接触电竞的时间

	频率	百分比	有效百分比	累计百分比
不到 1 年	130	25.4	25.4	25.4
1～3 年	146	28.6	28.6	54.0
3～5 年	100	19.6	19.6	73.6
5～10 年	95	18.6	18.6	92.2
10 年以上	40	7.8	7.8	100.0
总　计	511	100.0	100.0	

表 6-8　通过哪些渠道接触电竞(频率)

	个案数	百分比	个案百分比
线下电竞比赛	219	17.5	42.9
手机端或电脑端电竞	421	33.7	82.4
粉丝群(亚文化社群)	120	9.6	23.5
网络平台广告	231	18.5	45.2
电竞文创产品	133	10.6	26.0

续　表

	个案数	百分比	个案百分比
影视剧	112	9.0	21.9
其　他	14	1.1	2.7
总　计	1 250	100.0	244.6

6.2.2　青少年对电竞的认知情况

1. 电子游戏与电竞区别明显,仅有不到一成的调查对象未对两者作明确区分

电子游戏作为电竞的载体之一,两者存在较多差别。首先,从本质上看,电子游戏属于娱乐方式,而电竞的本质则是一项体育运动。亚洲是目前全球在电竞进入洲际运动会方面进展最快的大洲,早在 2007 年亚洲室内运动会就设立电竞项目,2022 年杭州亚运会也正式设立电竞项目。同时,诸多拥有广大人气与玩家的手游也入选高校运动会等各级赛事。

其次,从参与对象的角度看,电子游戏对参与群体并没有明确的限制,大部分人都能够通过互联网接触到各类各样的电子游戏,但是电竞对参与对象则有较高的要求与门槛,尤其是年龄、团队意识、游戏技术等方面。电竞运动员的年龄基本上处于 20 岁左右,这个年龄段的选手无论是在游戏技术方面还是反应速度方面都处于巅峰状态。

最后,从举办组织看,电子游戏往往缺乏官方人员进行组织与管理,没有明确的游戏时间限制,容易使玩家沉迷,并且大部分玩家可以通过充值提升自己在游戏中的能力,缺乏一定的公平性,当然随着未成年限游令的推广与执行,该现象已经有了较大的改善。电竞往往是由官方人员进行组织与管理,在一定的时间内进行公平的对决,游戏的公平性和规则得到了维护与保障。

本调查显示,90.4％的调查对象认为电子游戏和电竞有区别,9.6％的调查对象认为二者没有区别,这说明大部分青少年已经能够明确区分电子游戏与电竞,在青少年认知中,电子游戏不再等同于电竞。

表 6－9　电子游戏和电竞是否有区别

	频率	百分比	有效百分比	累计百分比
是	462	90.4	90.4	90.4
否	49	9.6	9.6	100.0
总　计	511	100.0	100.0	

2. 青少年关注相关信息与赛事动态,对电竞普遍具有较高的认知度

本次调查显示,大部分青少年不仅能够明确区分电子游戏与电竞,并且也较为关注与电竞相关的信息和赛事动态,同时对于电竞具有一定的认可度。

调查显示,84.0％（429 人）的调查对象对"王者荣耀（KPL）职业联赛"了解;87.5％（447 人）的调查对象对"英雄联盟（LPL）职业联赛"了解,占比最高;52.8％（270 人）的调查对象对"和平精英（PEL）职业联赛"了解;20.9％（153 人）的调查对象对"第五人格（IVL）职业联赛"了解;39.9％（204 人）的调查对象对"DOTA2 职业巡回赛—中国联赛"了解;17.4％的调查对象对"中国电竞娱乐大赛（CEST）"了解;17.8％的调查对象对"电竞上海大师赛"了解;仅有 4.5％的调查对象不了解任何相关赛事。由此可见,大部分青少年都会关注相关的电竞赛事,尤其是《王者荣耀》《英雄联盟》等全民级别的游戏。超过 80％的青少年会关注相关赛事,大家对《王者荣耀》《英雄联盟》《和平精英》《DOTA2》等日常接触端游手游电竞了解较多。数据显示,青少年更加关注专业类型的比赛,而对于一些综合性、最新发起的电竞比赛关注度则较低,如 2021 年刚刚发起的电竞上海大师赛。随着时间的推移以及相关赛事的宣传力度的提升,青少年对这些赛事的关注度也会有所提升。

表 6 - 10　知道哪些电竞赛事频率

	响　　应		个案百分比
	个案数	百分比	
A. 王者荣耀(KPL)职业联赛	429	24.7	84.0
B. 英雄联盟(LPL)职业联赛	447	25.7	87.5
C. 和平精英(PEL)职业联赛	270	15.5	52.8
D. 第五人格(IVL)职业联赛	153	8.8	29.9
E. DOTA2 职业巡回赛—中国联赛	204	11.7	39.9
F. 中国电竞娱乐大赛(CEST)	89	5.1	17.4
G. 电竞上海大师赛	91	5.2	17.8
H. 其他_____(请填写)	34	2.0	6.7
I. 以上都不知道	23	1.3	4.5
总　　计	1 740	100.0	340.5

　　绝大部分调查对象对"电竞已纳入 2022 年杭州亚运会正式项目"给予关注。数据显示,78.5%的调查对象了解电竞已纳入 2022 年杭州亚运会正式项目,21.5%的调查对象不了解电竞已纳入 2022 年杭州亚运会正式项目。

表 6 - 11　是否了解电竞已纳入 2022 年杭州亚运会正式项目

	频率	百分比	有效百分比	累计百分比
是	401	78.5	78.5	78.5
否	110	21.5	21.5	100.0
总　　计	511	100.0	100.0	

调研发现,130 人接触电竞时长不到 1 年,占比为 25.4%;28.6% 的调查对象接触电竞时间在 1～3 年;19.6% 的调查对象接触电竞时间在 3～5 年;18.6% 的调查对象接触电竞时间在 5～10 年;仅有 7.8% 的调查对象接触电竞时间在 10 年以上。大部分调查对象接触电竞时间集中在 3 年以内,仅有少部分的调查对象接触电竞时间在 10 年以上。随着青少年接触电竞时间的积累,他们对于电竞的关注度和兴趣势必会进一步提升。

表 6-12　接触电竞时长

	频率	百分比	有效百分比	累计百分比
不到 1 年	130	25.4	25.4	25.4
1～3 年	146	28.6	28.6	54.0
3～5 年	100	19.6	19.6	73.6
5～10 年	95	18.6	18.6	92.2
10 年以上	40	7.8	7.8	100.0
总　　计	511	100.0	100.0	

3. 对电竞具有较高的认可度,对电竞赛事、电竞明星和电竞产业给予强烈的关注和认同

青少年是在网络时代成长起来的一批人,他们受到电竞文化和互联网文化影响相较于中年人更多、更深刻,他们对电竞的认可度相较于中年人而言也更加高,主要体现在对电竞明星的认同以及对电竞产业工作的认同上。

青少年对电竞明星是较为尊敬和崇拜的。在 511 个有效样本中,153 个调查对象表示"认为电竞明星是值得尊敬和崇拜的"完全符合,占总样本量的 29.9%;150 个调查对象表示较为符合,占总样本量的 29.4%;141 个调查对象表示基本符合,占总样本量的 27.6%。累计 86.9% 的调查对象表示电竞明星是值得尊敬和崇拜的,仅有 13.1% 调查对象对此表示不太符合,4.3% 的调查对象表示完全不符合。这表明大部分青少年对电

竞是具有一定的认可度的,这一认可就体现在对相关赛事信息的关注以及对电竞明星的尊重上。

表 6－13　认为电竞明星是值得尊敬和崇拜的

	频率	百分比	有效百分比	累计百分比
完全不符合	22	4.3	4.3	4.3
不太符合	45	8.8	8.8	13.1
基本符合	141	27.6	27.6	40.7
较为符合	150	29.4	29.4	70.1
十分符合	153	29.9	29.9	100.0
总　计	511	100.0	100.0	

　　青少年对新兴的电竞产业也是较为认同的。145 个调查对象表示"认为从事电竞产业工作能带来成就感"完全符合,占总样本量的 28.4%;148 个调查对象表示较为符合,占总样本量的 29.0%;159 个调查对象表示基本符合,占总样本量的 31.1%。累计 88.5%的调查对象表示电竞产业工作能带来成就感,仅有 8.6%调查对象对此表示不太符合,2.9%的调查对象表示完全不符合。

表 6－14　认为从事电竞产业工作能带来成就感

	频率	百分比	有效百分比	累计百分比
完全不符合	15	2.9	2.9	2.9
不太符合	44	8.6	8.6	11.5
基本符合	159	31.1	31.1	42.7
较为符合	148	29.0	29.0	71.6
十分符合	145	28.4	28.4	100.0
总　计	511	100.0	100.0	

可见,青少年对从事电竞这一新兴产业的人是较为认可的,这一职业与其他职业一样是能够被青少年接受并成为一种谋生手段的。总之对于现代社会的青少年而言,他们对于电竞以及围绕电竞衍生出的产业和职业的认可度是相对较高的。

6.3　电竞文化对青少年价值观的影响分析

6.3.1　青少年在电竞游戏与赛事中的总体形象呈现

青少年与电子游戏和电竞具有天然的亲和性,电子游戏和电竞基本也是以青少年为主要群体。我们需要了解当前青少年在电子游戏与电竞中的总体形象呈现,这有助于我们更加深入了解电竞文化对当代青少年的影响。

1. 青少年在电竞游戏的时间上相对克制

关于电竞游戏,大众首先担心的就是青少年沉迷于其中,进而荒废学业与事业。随着相关制度的完善,大部分游戏也开发了防沉迷系统,针对不同年龄段的青少年设置了不同的游戏时长。本次调查显示,大部分青少年参与电子游戏的时间是相对克制的,基本上都能够很好地控制自己在游戏中的时间投入。

在调查的 511 个样本中,191 人每天参与电竞的时间不到 1 小时,占比为 37%;169 人每天参与电竞的时间为 1～2 小时,占比为33.1%;每天参与电竞的时间为"2～4 小时"和"4 小时以上"的样本分别为 77 和 74,分别占比为 15.1% 和 14.5%。每天参与电竞的"不到1 小时"和"1～2 小时"的调查对象累计占比为 70.5%,绝大部分调查对象每天游戏时间在 2 小时以内。由此可见,大部分青少年的电子游戏时间还是相对克制的,并没有沉溺于电子游戏无法自拔。电子游戏并没有成为青少年生活的全部,但是仍有 14.5% 的青少年每天在电子游戏中的时间超过 4 小时,超过了大部分游戏防沉迷系统的 3 小时限制。

表 6 - 15 每天参与电竞(含游戏)的时长

	频率	百分比	有效百分比	累计百分比
不到 1 小时	191	37.4	37.4	37.4
1~2 小时	169	33.1	33.1	70.5
2~4 小时	77	15.1	15.1	85.5
4 小时以上	74	14.5	14.5	100.0
总 计	511	100.0	100.0	

本次调查涉及电竞爱好者、电竞职业选手、电竞相关从业者和电子游戏爱好者四类群体,为了探寻不同群体在每天参与电子游戏或电竞的时间,课题组围绕群体与每天参与电子游戏的时间进行更为深入的交叉分析。从表中可知,电竞选手和电竞相关人员每天参与电竞时长明显高于电竞爱好者和电子游戏爱好者两个群体。电竞职业选手和电竞从业者每天参与电竞时间为"4 小时以上"占其样本量的 68.4% 和 50.0%,而电竞爱好者和电子游戏爱好者仅为 6.3% 和 4.9%。经过卡方检验(见表 6 - 17),P 值为 0.000,0.000<0.05,故认为总体上不同青少年群体之间在游戏中每天参与电竞时长存在差异。电竞相关从业者和电竞选手相比于电竞爱好者、电子游戏爱好者每天参与电竞时间更多,结合现实考虑,电竞从业者与电竞选手的生活和职业基本也是围绕电子游戏和电竞展开,所以他们在电子游戏上投入的时间会多于其他群体。

表 6 - 16 每天参与电竞(含游戏)的时长交叉表

		每天参与电竞(含游戏)的时长				总 计
		不到 1 小时	1~2 小时	2~4 小时	4 小时以上	
电竞爱好者	计数	36	51	31	8	126
	百分比	28.6%	40.5%	24.6%	6.3%	100.0%

		每天参与电竞(含游戏)的时长				总　计
		不到 1小时	1~2 小时	2~4 小时	4小时 以上	
电竞职业 选手	计数	1	4	1	13	19
	百分比	5.3%	21.1%	5.3%	68.4%	100.0%
电竞相关 从业者	计数	10	13	16	39	78
	百分比	12.8%	16.7%	20.5%	50.0%	100.0%
电子游戏 爱好者	计数	144	101	29	14	288
	百分比	50.0%	35.1%	10.1%	4.9%	100.0%
总　计	计数	191	169	77	74	511
	百分比	37.4%	33.1%	15.1%	14.5%	100.0%

表 6-17　卡方检验

	值	自由度	渐进显著性(双侧)
皮尔逊卡方	187.740[a]	9	0.000
似然比	158.200	9	0.000
线性关联	20.760	1	0.000
有效个案数	511		

a. 2个单元格(12.5%)的期望计数小于5,最小期望计数为2.75。

2. 青少年的游戏消费观较为理性

青少年沉迷于游戏在时间上表现为游戏时常过长,在消费习惯上则表现为在游戏中充值的金钱较多,即所谓的"氪金大佬"。这部分玩家期待通过金钱提升自己在游戏中的实力,进而获得更好的游戏体验。本调查显示,大部分青少年认为自己在电子游戏中的消费较为合理,在511个有效样本中,266 个调查对象表示"在游戏中的消费是有节制的"十分符合,占总样本量的 52.1%;116 个调查对象表示较为符合,占总样本量的22.7%;104 个调查对象表示基本符合,占总样本量的 20.4%;仅有 2.5%调查对象对此表示不太符合,2.3%的调查对象表示完全不符合。总体来看,95.1%的调查对象认为自己在游戏中的消费是节制的。

表 6 - 18　认为在游戏中的消费是有节制的

	频率	百分比	有效百分比	累计百分比
完全不符合	12	2.3	2.3	2.3
不太符合	13	2.5	2.5	4.9
基本符合	104	20.4	20.4	25.2
较为符合	116	22.7	22.7	47.9
十分符合	266	52.1	52.1	100.0
总　　计	511	100.0	100.0	

关于在游戏上的花费,调查数据显示,20.7%的调查对象表示没有在游戏上花钱;14.7%的调查对象属于"微氪玩家",花费在 100 元以内;21.1%的调查对象在游戏上的花费在 501～5 000 元;17.6%的调查对象属于"重氪玩家",花费在 5 000 元以上。从整体上看,56.6%的调查对象在游戏中消费控制在 500 元以内,仅有 17.6%的调查对象花费在 5 000 元以上,可见大部分调查对象在游戏上消费较为理性。

表 6 - 19　在游戏中充值了多少钱

	频率	百分比	有效百分比	累计百分比
从不花钱	106	20.7	20.7	20.7
100 元以内	75	14.7	14.7	35.4

	频率	百分比	有效百分比	累计百分比
100～500 元	108	21.1	21.1	56.6
501～5 000 元	132	25.8	25.8	82.4
5 000 元以上	90	17.6	17.6	100.0
总　计	511	100.0	100.0	

　　本次调查涉及电竞爱好者、电竞职业选手、电竞相关从业者和电子游戏爱好者四类群体,为了探寻不同群体在电子游戏中的消费习惯,课题组围绕群体与消费额度进行更为深入的交叉分析。从表6-20中可知,不同的青少年群体在游戏中的花费有所不同。其中电竞职业选手和电竞从业者花费5 000 元以上的占其样本量的52.6%和28.2%,而电竞爱好者和电子游戏爱好者在游戏上花费5 000 元以上的比例仅为17.5%和12.5%。经过卡方检验(见表6-21),P值为0.000,0.000<0.05,故认为总体上不同青少年群体之间在游戏花费上存在差异。可以认为相比于电子游戏和电竞爱好者,电竞职业选手和电竞从业者在游戏上花费更多。结合现实情况而言,电竞职业选手和电竞从业者接触电子游戏与电竞的时长比另外两个群体更久,同时他们相较于一些普通青少年,也有更多的经济资本能够投入到电竞与电子游戏中。

表 6-20　在游戏中充值了多少钱交叉表

		在游戏中充值了多少钱					总　计
		从不花钱	100 元以内	100～500 元	501～5 000 元	5 000 元以上	
电竞爱好者	计数	20	14	29	41	22	126
	百分比	15.9%	11.1%	23.0%	32.5%	17.5%	100.0%

续　表

		在游戏中充值了多少钱					总　计
		从不花钱	100 元以内	100～500 元	501～5 000 元	5 000 元以上	
电竞职业选手	计数	3	5	1	0	10	19
	百分比	15.8％	26.3％	5.3％	0.0％	52.6％	100.0％
电竞相关从业者	计数	4	8	19	25	22	78
	百分比	5.1％	10.3％	24.4％	32.1％	28.2％	100.0％
电子游戏爱好者	计数	79	48	59	66	36	288
	百分比	27.4％	16.7％	20.5％	22.9％	12.5％	100.0％
总　计	计数	106	75	108	132	90	511
	百分比	20.7％	14.7％	21.1％	25.8％	17.6％	100.0％

表 6－21　卡　方　检　验

	值	自由度	渐进显著性（双侧）
皮尔逊卡方	56.312[a]	12	0.000
似然比	60.476	12	0.000
线性关联	12.432	1	0.000
有效个案数	511		

a. 5 个单元格(25.0％)的期望计数小于 5,最小期望计数为 2.79。

不同的青少年除了在消费额度上展现出不同的区别,在消费观上也呈现出不同。其中电竞爱好者中表示"消费时是节制的"完全不符合的占总其人数的 1.6％,电子游戏爱好者表示十分符合的占 0.7％,两者比例明显低于电竞从业者(15.8％)和电竞职业选手(6.4％)。且电竞爱好者中表示"消费时会考虑性价比"完全符合的占总其人数的 47.6％,电子游戏爱好者表示十分符合的占 58.0%，比例明显高于电竞从业者(42.3%)和电竞职业选手(31.6%)。

　　经过卡方检验(见表 6‐23)，P 值为 0.000，0.000＜0.05，故认为总体上不同青少年群体之间在游戏中理性消费观存在差异。电竞爱好者、电子游戏爱好者明显比电竞相关从业者和电竞选手在游戏消费方面更为节制，具有更为理性的游戏消费观。总之，相比于电竞选手和电竞产业从业者，电竞爱好者和电子游戏爱好者在消费时更为理性，更具有理性的消费观。

表 6‐22　在游戏中的消费是有节制的交叉表

		在游戏中的消费是有节制的					总　计
		完全不符合	不太符合	基本符合	较为符合	十分符合	
电竞爱好者	计数	2	2	26	36	60	126
	百分比	1.6%	1.6%	20.6%	28.6%	47.6%	100.0%
电竞职业选手	计数	3	0	4	6	6	19
	百分比	15.8%	0.0%	21.1%	31.6%	31.6%	100.0%
电竞相关从业者	计数	5	4	18	18	33	78
	百分比	6.4%	5.1%	23.1%	23.1%	42.3%	100.0%
电子游戏爱好者	计数	2	7	56	56	167	288
	百分比	0.7%	2.4%	19.4%	19.4%	58.0%	100.0%
总　计	计数	12	13	104	116	266	511
	百分比	2.3%	2.5%	20.4%	22.7%	52.1%	100.0%

表 6‐23　卡　方　检　验

	值	自由度	渐进显著性（双侧）
皮尔逊卡方	36.472[a]	12	0.000
似然比	27.964	12	0.006

续　表

	值	自由度	渐进显著性（双侧）
线性关联	2.686	1	0.101
有效个案数	511		

a. 8 个单元格（40.0%）的期望计数小于 5，最小期望计数为 0.45。

3. 青少年在电竞游戏中休闲放松、获得成就感，满足多种需要

现代社会的整体生活节奏较快，青少年在学业和事业上都承担着较大的压力，个体在现实社会中很难处于休闲与放松的状态，而电子游戏和电竞则创造出来一个虚拟世界，在这个虚拟世界中，青少年不但能够放松身心、释放压力，也能在游戏中获得成就感。本次调查主要对大众参与电竞的相关原因进行统计分析，发现参与电竞最为主要的原因为个人爱好，占比为 75.7%；其次为放松身心、释放压力，占比为 62.8%；56.9% 的调查对象在玩游戏过程中感到愉快；24.7% 的调查对象是为了扩大社交范围；43.1% 的调查对象追求比赛竞技获胜的成就感；32.1% 的调查对象喜欢公平竞争等游戏规则；最后有 17.6% 的调查对象是由于从事相关工作。可见，大众参与电竞的主要原因仍然以满足自身为主，追求个人爱好，在游戏中获得成就感，释放压力。就游戏本身来说，喜欢游戏的公平性和从事相关工作也是重要原因。通过游戏社交也是选择电竞的原因之一。

表 6 - 24　选择电竞的主要原因

	响　　应		个案百分比
	个案数	百分比	
A. 个人爱好	387	23.9%	75.7%
B. 扩大社交范围	126	7.8%	24.7%
C. 玩游戏过程中感到愉快	291	18.0%	56.9%
D. 放松身心、释放压力	321	19.8%	62.8%

	响　　应		个案百分比
	个案数	百分比	
E. 追求比赛竞技获胜的成就感	220	13.6%	43.1%
F. 喜欢公平竞争等游戏规则	164	10.1%	32.1%
G. 从事电竞产业相关工作	90	5.6%	17.6%
H. 其他_____（请填写）	21	1.3%	4.1%
总　　计	1 620	100.0%	317.0%

根据马斯洛的需要层次理论,人的需要可以分为生理需要、安全需要、归属和爱的需要、尊重的需要和自我实现的需要。虽然电竞和电子游戏不能满足个体的生理需要和安全需要,但是相对于现实社会,虚拟社会更能满足后三种需要。青少年能够在电竞和电子游戏中获得更多的归属感以及自我实现感,电子游戏能够满足青少年的多种需要。

6.3.2　电竞文化对青少年价值观的有利影响

青少年作为国家的未来与希望,其价值观的养成对整个社会和国家都具有深远的影响。电竞文化作为现代社会中的一种新生文化,我们不能片面地看待其影响,而需要从多方面、多维度地透视这一文化对于青少年价值观的影响。

1. 电竞文化有利于培养青少年的公平正义感

电竞十分强调规则与公平的重要性,但是在电子游戏和电竞中经常存在一些违背规则与公平的现象,比如通过充值提升玩家在游戏中的实力。对此现象,在 511 个有效样本中,152 个调查对象表示"认同通过金钱等额外手段提升等级等行为"完全不符合,占总样本量的 29.2%;111 个调查对象表示不太符合,占总样本量的 21.7%;103 个调查对象表示基本符合,占总样本量 20.2%;13.1%的调查对象对此表示较为符合;15.3%的调查对象表示十分符合。累计超过半数的调查对象不认可通过金钱等额外手段提升等级等行为,但仍有部分玩家认同此做法,原因是牺牲游戏的公平性可以换取游戏的体验感。

虽然现实中玩家可以通过充值等行为在电子游戏中获得实力的提升,进而在一些对决中获得胜利,但是电竞文化所强调的公平与规则深深影响到了青少年的价值观,大部分人对这种行为表示不赞同,由此可见以电子游戏为载体所形成的电竞文化对青少年在电子游戏中的行为产生了重大影响。

表 6-25　认同通过金钱等额外手段提升等级等行为

	频率	百分比	有效百分比	累计百分比
完全不符合	152	29.7	29.7	29.7
不太符合	111	21.7	21.7	51.5
基本符合	103	20.2	20.2	71.6
较为符合	67	13.1	13.1	84.7
十分符合	78	15.3	15.3	100.0
总　计	511	100.0	100.0	

在电子游戏和电竞中除了利用充值提升游戏中的实力这一违背公平的现象外,也有部分玩家会通过消极比赛、故意认输等方式快速完成某些任务。对此现象,在 511 个有效样本中,206 个调查对象表示“认同故意认输等方式快速完成任务等行为”完全不符合,占总样本量的 40.3%;108 个调查对象表示不太符合,占总样本量的 21.1%;73 个调查对象表示基本符合,占总样本量的 14.3%。有 10.6%的调查对象对此表示较为符合;13.7%的调查对象表示十分符合。61.4%的调查对象不认同通过故意认输快速完成游戏,更强调游戏的公平竞争性。仍有 24.3%的调查对象表示认同这种行为,这部分玩家相比于游戏的公平性而言,更强调游戏完成度本身。

表 6‐26   认同故意认输等方式快速完成任务等行为

	频率	百分比	有效百分比	累计百分比
完全不符合	206	40.3	40.3	40.3
不太符合	108	21.1	21.1	61.4
基本符合	73	14.3	14.3	75.7
较为符合	54	10.6	10.6	86.3
十分符合	70	13.7	13.7	100.0
总 计	511	100.0	100.0	

虽然有部分玩家希望通过金钱等额外手段介入电竞活动或通过故意认输等手段完成游戏,但总体上看,绝大部分调查对象强调游戏的公平性,具有良好的电竞公平公正精神。电竞文化培养了青少年的公平正义感,有利于在社会中形成公平正义的良好氛围。

2. 电竞文化在潜移默化中培养了青少年的规则意识

除了公平正义,电竞文化较为强调的第二点便是规则意识。规则作为公平的有力保障,在电竞中表现为比赛双方都需要共同遵守的规则。而在现实社会中则表现为法律法规等,只有全员遵守规章制度,整个社会才能够更加稳健地运行。在本次调研中,青少年展现出了较强的规则意识,主要体现在主动反馈不公平竞技、赞同遵守规则的重要性、赞同电竞需要积极健康的网络环境等。

电子游戏中部分玩家会遇到不公平竞技的情况,比如利用外挂等现象。在 511 个有效样本中,260 个调查对象表示"遇到不公平竞技的情况会主动反馈"完全符合,占总样本量的 50.9%;137 个调查对象表示较为符合,占总样本量的 26.8%;87 个调查对象表示基本符合,占总样本量的 17.0%;仅有 3.9% 调查对象对此表示不太符合;1.4% 的调查对象表示完全不符合。累计超过 94.7% 的调查对象表示在不公平的情况下会主动反馈,说明大部分青少年对于不公平竞技这种违背规则的现象是较为反对的。

表 6 - 27 遇到不公平竞技的情况会主动反馈

	频率	百分比	有效百分比	累计百分比
完全不符合	7	1.4	1.4	1.4
不太符合	20	3.9	3.9	5.3
基本符合	87	17.0	17.0	22.3
较为符合	137	26.8	26.8	49.1
十分符合	260	50.9	50.9	100.0
总 计	511	100.0	100.0	

从遵守电竞比赛中规则的角度看,在 511 个有效样本中,358 个调查对象表示"赞同电竞比赛中遵守规则是重要的"完全符合,占总样本量的 70.1%;91 个调查对象表示较为符合,占总样本量的 17.8%;51 个调查对象表示基本符合,占总样本量的 12.1%;仅有 1.6% 调查对象对此表示不太符合;0.6% 的调查对象表示完全不符合。累计超过 97.8% 的调查对象认为游戏规则是重要的。

表 6 - 28 赞同电竞比赛中遵守规则是重要的

	频率	百分比	有效百分比	累计百分比
完全不符合	3	0.6	0.6	0.6
不太符合	8	1.6	1.6	2.2
基本符合	51	10.0	10.0	12.1
较为符合	91	17.8	17.8	29.9
十分符合	358	70.1	70.1	100.0
总 计	511	100.0	100.0	

从赞同电竞需要积极健康的网络环境看,在511个有效样本中,368个调查对象表示"赞同电竞需要积极健康的网络环境"完全符合,占总样本量的72.0%;79个调查对象表示较为符合,占总样本量的15.5%;52个调查对象表示基本符合,占总样本量的12.5%;仅有1.4%的调查对象对此表示不太符合;1.0%的调查对象表示完全不符合。累计超过97.7%的调查对象认同需要积极健康的网络环境。总体上看,超过90%的调查对象对游戏的公平性和规则意识表示认可,绝大部分调查对象在电竞中具有良好的规则意识。

表6-29　赞同电竞需要积极健康的网络环境

	频率	百分比	有效百分比	累计百分比
完全不符合	5	1.0	1.0	1.0
不太符合	7	1.4	1.4	2.3
基本符合	52	10.2	10.2	12.5
较为符合	79	15.5	15.5	28.0
十分符合	368	72.0	72.0	100.0
总　计	511	100.0	100.0	

3. 电竞文化有利于培养青少年的团结合作精神

大部分电竞项目并不是靠个人单打独斗便能够取得胜利的,需要团队协作和配合,如《王者荣耀》《英雄联盟》等MOBA类游戏,往往是以五人团队的形式展开,因此电竞十分强调团队的合作精神。在511个有效样本中,238个调查对象表示"会因为团队作战而特别努力"完全符合,占总样本量的46.6%;155个调查对象表示较为符合,占总样本量的30.3%;100个调查对象表示基本符合,占总样本量的19.6%;仅有2.0%的调查对象对此表示不太符合;1.6%的调查对象表示完全不符合。94.9%的调查对象表示电竞中会为团队协作而努力,可见电竞是一个团队游戏,满足了社交需求,最为重要的是培养了玩家在电竞中的团队协作精神和集体荣誉感。

表 6 - 30　会因为团队作战而特别努力

	频率	百分比	有效百分比	累计百分比
完全不符合	8	1.6	1.6	1.6
不太符合	10	2.0	2.0	3.5
基本符合	100	19.6	19.6	23.1
较为符合	155	30.3	30.3	53.4
十分符合	238	46.6	46.6	100.0
总　　计	511	100.0	100.0	

由此可见,电竞文化对于现代社会中的青少年形成公平正义、规则意识、团队合作精神等这些积极的价值观具有重要的作用。青少年在电子游戏和电竞的过程中往往都是潜移默化地接受这些影响,进而形成正面的价值观。这些价值观不仅仅对于个人十分重要,对于营造现代社会中的规则意识、公平正义、团结互助的良好氛围也具有推动作用。电竞是一把双刃剑,青少年在参与的过程中有可能沉迷,同时也会形成正面的、积极的价值观。本次调查显示,电竞文化对于青少年的影响是利大于弊的,大部分青少年在电竞文化的影响下形成了较为积极的价值观。

6.3.3　电竞文化对于青少年价值观的不利影响

诚然,在互联网时代背景下,电竞文化的蓬勃发展为青少年的生活添加了一抹色彩,但也埋下了不少的隐患。奥运冠军邓亚萍就曾在微博上分享了她的困惑:"我是一位初三男孩的母亲,我儿子为了玩手机玩电脑,没少跟我讨价还价。"在国内首档亲子代际观察节目《敞开心扉的少年》里,也有这样一个爱玩游戏的孩子:11 岁的男孩为了给游戏充值,用荧光粉破解了妈妈手机的密码,花光工资卡给主播打赏了近万元。沉迷游戏的他,最长一次连续十小时抱着手机不放,父母对此采用暴力的教育方式,致使他们的亲子关系矛盾重重。这样的事例并不少见,也绝非个例。

青少年主要是通过电子游戏(不论是电脑端的游戏还是手机端的游戏)来接触电竞文化的,长期使用电子设备、过度投入电子游戏等会引发很多问题,不加以纠正则会愈演愈烈,其中最直接的就是对身体健康的影响。相关研究表明,长期使用电子设备容易造成人的中枢神经功能失调,进而引发多汗、厌食、恶心、易怒、失眠、头痛,甚至情绪低落、思维迟钝等症状。与身体状况不佳接连而至的是心理健康问题,电竞文化不当的引导甚至会对于青少年的价值观产生不当的影响,带来隐性却难以根除的问题。

1. 消费观:不当诱导产生非理性消费

中国互联网信息中心发布的《2020 年全国未成年人互联网使用情况研究报告》显示,每个年龄阶段都有越来越多的人接触网络游戏,而且其比例还在逐年增加,也越来越"低龄化",这也与我们的调研数据相符。值得关注的是,腾讯游戏透露的最新数据显示,平均每天有 724 万个账号在登录环节、6 万个账号在支付环节触发了人脸识别验证,并因为人脸识别验证被拒绝或未通过。在登录环节中,有约 90.5% 的账号被纳入防沉迷监管中;在支付环节中,则有 80% 的账号被拦截了充值行为。这说明,很多未成年的青少年在游戏充值行为方面已经比较活跃。当然,针对未触发人脸识别验证的成年人而言,其充值行为更不受限制和难以监督。

大多数游戏玩家可被分成成就型玩家、社交型玩家和沉浸型玩家三种类型。成就型玩家的主要目的在于积累虚拟财富、提高游戏装备等,达到竞争目的,赢得荣耀;社交型玩家倾向于与其他玩家互动;而沉浸型玩家则更沉浸于游戏的乐趣,乐于塑造满意的角色。出于不同的游戏目的,每一种类型的玩家都可能会对自己的游戏角色产生"角色依恋"。魏华等人考察这一问题时提到,游戏玩家往往会花费无数时间和金钱用于游戏角色的建构和角色能力的提升,不论是出于赢得游戏、社交还是沉浸体验的目的。另外,电子游戏中设置的游戏充值金额往往不大,而且会伴有限时优惠等字眼,加上生动的宣传,非常容易激起青少年玩家的购买欲望,从而产生非理性消费。况且研究也表明,玩家投入游戏的时间越多,越有可能产生对其中角色的依恋,且依恋程度随着时间维度和游戏黏着度的增长而增长,因而很多玩家会反复因为同一角色进行充值,出于攀比、角色升级等目的,这种消费往往是少量却无止境的,因而非理性消费的可能性非常之大。

当然,除了电子游戏的充值之外,电竞文化的其他方面如粉丝群体、文创产品等都是消费的众多渠道之一。而这类消费更类似于追星的消费,在此便不多做赘述。

2. 游戏观:易形成成瘾心理

2019 年 10 月 25 日,国家新闻出版署发出《关于防止未成年人沉迷网络游戏的通知》,提出了六方面举措,规定了未成年人的游戏时长、游戏时间和游戏消费额度。2021 年 6 月 1 日,新修订的《中华人民共和国未成年人保护法》正式施行,其中"网络保护"一章指出"国家、社会、学校和家庭都应当注重未成年人网络素养的提升及在网络空间合法权益的保障"。以上文件具体而言表现为:网络游戏用户账号需实名注册;未成年人每日游戏时间不得超过 1 小时等(此为目前规定,之前的游戏时长为每日 22 时至次日 8 时,游戏运营商不得为未成年人提供游戏服务,且未成年人的每日游戏时间不得超过 1.5 小时,节假日不得超过 3 小时)。种种措施都是为了防止未成年人沉迷电子游戏。2021 年 3 月,腾讯首次公布了外界关切的未成年游戏消费数据,每天都有几千万未成年人账号因登录时长超时被系统强制"踢"下线,这说明未成年人账号已经得到了严格管控。但是仍有部分未成年人"棋高一招",通过忽悠父母拍照,忽悠爷爷奶奶对着镜头微笑等方式继续游戏而无视技术监管措施,由上可见游戏的诱惑力之大和青少年游戏成瘾可能性之大。

中国互联网络信息中心 2020 年 12 月发布的《中国互联网络发展状况统计报告》显示,截至 2020 年 12 月底我国网民已达 9.89 亿,其中电竞用户超 5.32 亿,其中 18 岁至 24 岁青年占比超过 66%,成为电竞的绝对主力。虽然这类主体不在防沉迷制度的规范群体内,但是一样逃不开虚拟游戏成瘾问题。湖北青年王某,2001年因沉溺网络游戏只能从武汉某大学肄业,在连续10年的"游戏人生"历程中,曾在一家有沙发的网吧里夜以继日地"熬战"了7个多月,直到2011年5月因沉溺网络游戏而病入膏肓。

电竞主要是"室内智力活动",非常依赖科技、设备的支持,很难在室外开展。鉴于电竞可能引发的心理问题,2017年世界卫生组织决定将"游戏障碍"(Gaming Disorder)列入2018年新版的《国际疾病分类》,将其归于"精神与行为障碍"章节。游戏成瘾是电竞引发心理问题的主要形式,其具体表现为玩家无法控制自己的游戏时间、游戏频率和游戏场合等,并且将游戏排在所有事情的最前面,而且完全没有反思自己、审视游戏负面影响的能力。电竞游戏之所以会使青少年产生成瘾心理,一方面因为其游戏设置中往往包含着震撼的游戏音效、写实的游戏画面、丰富的人物角色、巧妙的奖励机制和广泛的游戏社交,这种技术层面的设计会激起青少年探索未知领域的好奇心,从而不断陷入其中。这种逼真性和全景性带来的感官沉浸在医学上称之为"网络游戏成瘾综合征",初期表现为对电子游戏的精神依赖,之后会逐步发展为身体上的依赖,进而导致心理疾病出现。另一方面,引起青少年游戏成瘾的原因也包括现实与理想的矛盾问题。游戏世界的成功相比起现实总是非常容易得到,动一动鼠标就能完成现实中需要大量时间、精力才能达成的目标,这种成就感使青少年易于满足,也更沉迷于这种简单的成功,非常好地弥补了现实中的缺憾。

3. 处世观:引导不到位,增加道德失范

中国互联网络信息中心在2009年11月的调查研究显示,网络游戏中主要负面影响因素有10个,分别为脏话、暴力、恐怖、歧视、赌博、烟酒、色情、犯罪、毒品等,其中暴力、赌博、色情的认可比例分别是39.1%、17.5%、13.3%。研究发现,不当接触电子游戏会造成青少年价值观偏离、人生观错位,进而厌倦学习、不尊重他人,以自我为中心,易产生自卑、敌意、偏激、退缩等人格偏差行为,甚至最后道德失范,产生暴力倾向,最终走上犯罪道路。

电子游戏容易让青少年沉迷的原因之一在于其沉浸的游戏体验,而这种沉浸体验会让青少年在自身的认知中分化出一个"虚拟我"。这个"虚拟我"一开始只存在于电子游戏情境中,仅表现出现实自我的部分特征。尤其在缺少道德约束的游戏中,青少年自我中的一些自然本能会被激发出来。如在各年龄阶段的农场游戏中,在现实中不被允许的偷菜行为随处可见;在军事类模拟游戏中,飙车、枪战等游戏行为会对青少年的"虚拟我"进行进一步刺激和强化。虽然电子游戏仅仅是一种游戏,但青少年群体好奇心和吸收力强,鉴别力和承受力弱,加之网络游戏独具的参与性、模仿性和宣泄性,特别容易影响缺乏自制力的青少年的身心健康和学业成绩,从而产生网络游戏偏差行为,如过激行为、欺骗与盗窃行为等。美国心理学会(APA)研究表明,接触暴力电子游戏会增加敌意情绪、攻击认知以及攻击行为等。还有研究表明,短期接触暴力游戏使个体产生道德敏感,长期接触暴力视频游戏使个体产生道德推脱。换言之,长期接触电竞游戏,尤其是一些暴力、欺骗性质的游戏,使青少年失去了确定的价值参照体系,容易使青少年在游戏中的"虚拟我"冲破限制,打破现实与游戏的边界,与"真实我"相重合。青少年也可能做出一些以"虚拟我"处理现实事件的行为,如过激行为、暴力行为等。青少年甚至会产生道德认知上的错位,出现道德失范,迷失在虚拟和现实的两套价值和规则之中。

4. 认知观:出现认知心理失调

如今的青少年已经成为"互联网原住民",电竞文化对其的精神性影响可谓是潜移默化。近几年多地有学生因玩"元宇宙""明日之后"等游戏入魔,严重影响学生身心健康,甚至危及生命。不可否认,现实中确实存在很多青少年模仿游戏情景的状况,这种表现也许是出于热爱,但也有可能是因为他们无法区分游戏和现实而产生了精神迷失,甚至将游戏中的一些过激情景进行了模仿而酿成惨剧。

电竞游戏的场景固然逼真,但毕竟是虚拟的、片面的,而且是电竞游戏设计者希望展现的场面。而青少年作为参与者会轻而易举地沉迷于这一网络虚幻世界里——这个世界会将一些现实社会中的场景进行有重点的突出和虚化，长此以往，会造成青少年对于相似场景的误判，造成他们对现实认知的缺陷。与此同时，电竞游戏的数字虚拟性导致其中的一切都是可以操作的，它完全可以营造出一个让玩家满意的虚拟世界，让青少年成为其中的中心，导致长期游戏的青少年在角色扮演的过程中变得"轻而易举"。这一操作的后果是青少年的人生经历变得单薄，本应在现实社会中经历的事件由于游戏中类似场景的介入产生了认知偏差，进而导致其自我概念模糊，这是非常妨碍青少年心理成熟、社交扩展和社会化的。另外，电竞游戏总是会更加强调在虚拟场景中的决策能力、应变能力等的发展，虽然与现实有一定相似性，但这种缺少实际应用和诸多条件限制的能力在现实社会中几乎毫无用处。这种虚拟与现实的割裂会给青少年之后的社会成长带来能力缺失，进而可能会引发青少年的沮丧，甚至减少社交、减少对现实社会的关注，使其沉迷于游戏中，最后分不清游戏与现实的差别，陷入认知错误中。

　　总结而言，如果不对电竞文化加以正确引导，其中的电子游戏包括衍生产品会对青少年带来多方面的不利影响，尤其是对青少年价值观的多方面影响，不仅会短暂地引起青少年财产损失和精神迷茫，而且会带来长期的延时影响，甚至会危及生命，因此，利用电竞文化对青少年价值观进行正确引导事不宜迟。

6.4　加强电竞文化正面引导

　　此次调查发现，电竞文化正通过电脑端或手机端的电竞游戏、电竞周边、电竞明星以及粉丝群和网络平台广告等媒介渗透进青少年群体的日常生活与文化实践中，影响着他们价值观的形成与变化。电竞在培养其公平正义感、规则意识以及团队合作精神的同时，也出现了一些负面问题，导致青少年价值观发生偏移。如对电竞游戏的非理性消费、对血腥暴力等场面的模仿、狂热的粉丝圈层化和极化、与其他亚文化的勾连和投射等，这些难以受控的现象将会引发一系列连锁反应，最终致使电竞文化与主流文化背离，也将影响青少年健康成长的氛围与环境，危及社会乃至国家的稳定与安全。因此,本研究报告将从法规完善、监管规范以及社会治理三个角度切入,探讨电竞文化参与到青少年价值观培育这一过程中的难点与关键环节。

6.4.1　明确区分普通游戏与电竞

电竞产业及电竞文化立身的前提在于改变大众的认知,提高受众的认可度及黏性,加强自身的引导和正规化建设。正如前文所说,电竞与其他竞技体育项目一样,其关键内核在于公平、竞技以及对抗,追求的是强大与胜利。但这一核心要素的实现需要有关行业具备这一意识,以更加严肃的态度正视电竞产业和电竞文化,正确识别并宣传普通游戏和电竞游戏的异同,遏制游戏产品及其周边过度"电竞化"的趋势。

1. 强化电竞游戏的竞技体验,引导正确的消费观、文化观

本研究的调查数据显示,有 90.4％的受访者认为电竞游戏和电竞存在区别,但由于样本的选择多为电竞与电竞游戏的爱好者、使用者,本身对电竞就有所了解,因此,更关键的在于普通大众是否对此二者进行了区分。随着电竞产业的不断发展和日臻成熟,普通电子游戏和电竞游戏的差异必将进一步扩大,这种观点应当得到广泛的认可与支持。实际上,由于电竞游戏的高可及性与高普及率,它成了人们接触电竞的主要渠道,这一点在调查结果中也有所体现。尤其是门槛相对较低的"电竞化"手机端游戏,如《王者荣耀》《第五人格》等,在最初的核心玩法设计中就加入了竞技性、对抗性元素,在发行一段时间后也开发了有关赛事,鼓励玩家以竞技选手的身份参与到游戏中。调查数据也从受众的角度佐证了电竞爱好者们对公平规则和胜利体验的追求。但与此同时,也有很多电竞游戏被消费主义带来的巨大经济效益所诱惑,将金钱等同于游戏中的实力和地位,或是为了内购而刻意提升某一游戏职业或角色的属性,这就背离了电竞公平公正的本意,长此以往将对有关行业的健康发展不利。

因此,在竞技游戏的内部设计与宣传工作中应当注重其作为竞技体育的内涵,让理性、可持续的消费和文化实践为电竞行业带来持续向好且潜力巨大的发展空间。第一,在内部设计层面,明确区分电竞游戏和普通

游戏,厘清竞技游戏定位、规范其内容;在外部运营层面,提高电竞游戏在设计及后续运营中对竞技属性和公平属性的重视,避免在电竞产业中出现以过度追求经济利益为主导的运营模式。第二,针对不同年龄段人群的消费水平与判断力,需要完善分级制度,减少青少年直接接触到充值界面或广告的机会;如果涉及了比较血腥、暴力或色情的画面,应当在单独针对青少年的"净化"版本中予以模糊显示或删除。第三,强调电竞的正向激励作用,强调其作为一个正规的体育竞赛项目和行业所具备的精神价值和职业价值,在宣传中将个人爱好与有关电竞的职业选择、行业发展和社会进步绑定,以实际行动反击污名化和偏见。

2. 重新审视电竞周边产品的重要意义,结合多方资源协同共建

2019 年公布的《英雄联盟中国电竞白皮书》提到,在 2018 年 LPL(英雄联盟中国赛区)的收入中,来自转播权的收入占到了联盟总收入的 57%,赞助收入则达到了 27%,仅这两项就占据了全部收入的 84%,在全球英雄联盟市场中这一占比将更为可观。这表明除了竞技游戏本身,其附加产品的价值和意义亟待讨论与挖掘。而本研究调查也发现,受访者对电竞文创产品和影视剧在正面影响青少年价值观这一方面的作用抱有较高的期待。电竞周边虽然在一定程度上吸引了不少电竞受众,也具备一定的影响力,但它在所有接触电竞的渠道中占比不高。在融媒体意识不断加强、媒体技术越发精进、电竞文化向其他艺术形式广泛扩散和渗透的当下,应当重新审视电竞周边在电竞行业整体发展中的战略意义,积极地寻求合作并争取主动权、话语权,动员各方参与到该行业的建设中来。

第一,规范周边所传递的价值取向,将电竞的理念与原则贯穿其中。为了对青少年的价值观产生正面影响,在设计面向大众的周边时,应当关注到电竞作为正规体育赛事所强调的热血、青春、合作和感动,而不是继续强化它与叛逆、自甘堕落、前途黯淡等标签之间的关系。第二,时刻关注附加产品的发展前景,正确引导电竞周边的发展方向,尤其是直播、影视剧等受众更加广泛的渠道,应当加强其人文关怀,起到柔性宣教的作用。

6.4.2　树立电竞明星激励作用

当下,电竞产品的偶像化在某种程度上是电竞产业急速发展和扩张下的必然趋势。正如前文所说的,电竞明星具有双重身份,一方面,作为电竞产品的一部分,他们是电竞精神的外化表征,具象化地鼓舞、激励着电竞爱好者们;另一方面,作为偶像、作为个体,他们的言行举止都有极大的可能成为青少年群体争相模仿的对象,他们代表着数量庞大的幕后从业人员以及电竞俱乐部,在整体行业的发展方面,在扭转大众对电竞行业的认知方面,有着重要意义。因此,应当发挥这一群体的正向作用,提高对其德行操守的要求,加强对其粉丝的管控。

1. 规范电竞明星从业要求,平衡"偶像化"与"职业化"之间的关系

当电竞向产业运营转变时,必然会出现商业变现诉求。在电竞行业主流化过程的前期阶段,公司资本如华硕、京东、苏宁、B 站等,纷纷涌入组建战队,高价购入职业选手;但在中后期,俱乐部获得了电竞行业发展的主导权,也以职业选手为招牌和卖点开展宣传和商业活动。在这样模式的变迁下,电竞选手的能力价值外化为商业价值而水涨船高。Riot 赛事总监在 2015 年接受采访时曾说:"让职业选手成为明星,这样粉丝就能和选手联系起来。这是非常重要的,他们也乐意和所喜爱的选手有某种情感联系……这样的现象对于电竞的长期发展是有利的。"电竞商业化和粉丝经济化的趋势已成必然,那么就需要电竞明星及其团队或俱乐部在"偶像身份"与"职业身份"之间寻求平衡点。

因此,应当对俱乐部及电竞选手的商业化、偶像化的行为加以限制和引导。电竞的最终目的是获得竞赛的胜利,知名度的提高和粉丝的增加不应当成为电竞选手、俱乐部和有关商家逐利的工具。一方面,粉丝经济的盛行可能致使选手迷失自我,导致其竞技水平的下降和恶性竞争的出现,本末倒置。另一方面,对于电竞选手的从业规范与道德要求并不如娱乐圈的偶像那样严格,从小众到大众的转向、从职业选手到电竞明星的变化,电竞选手们在此过程中需要适应和调整自己的身份。在大众认知中,他们普遍缺乏偶像自觉,多对言行不加控制,面对的又是缺

乏判断力的青少年，因此需要加强行业自律或是对这一方面的监管与惩处力度。

2. 树立电竞偶像典型榜样，发扬电竞精神，助力电竞文化发展

电竞作为一种新兴产业和一种新兴文化，其条件和氛围与娱乐圈的生态较为契合。在其"饭圈化"的过程中，粉丝们与电竞选手建立了一种情感的联结和投射，在电竞选手奋斗拼搏、赢得胜利的故事中明确个人定位，在圈层内的交际与应援中获得身份认同。因此，电竞偶像更应该为具有如此强烈诉求的粉丝群体树立良好的榜样，以电竞文化和电竞精神进一步引导青少年价值观的培养，对接主流文化，与行业不断扩宽维度的发展需求形成良性循环。

第一，在宣传层面重点传播电竞的拼搏精神与"Good Game"心态，正确引导舆论，对电竞偶像的成就不过分拔高和美化，也不过分贬低和压制，在对成绩有所期待的同时也要谨防唯冠军论等观点的蔓延。同时在其中加入优秀传统文化的元素，让电竞文化助推软实力建设。第二，在教育层面打造规范化电竞教育体系和人才保障体系，在校加强电竞文化的引导和教育，鼓励电竞选手参加公益活动。有关院校的正规培训及选拔机制能够在打破俱乐部青训垄断的同时，让电竞得到更加广泛的认可。第三，在政策层面鼓励并支持正向电竞文化的落地，如上海打造"全球电竞之都"，成都发展"电竞＋"产业、建设"电竞文化之都"，还有重庆忠县发展电竞小镇等，可以通过选择并邀请一些电竞偶像担任形象大使等方式，将产业发展、城市建设以及电竞文化的传播相结合。

6.4.3　引导粉丝群体可持续发展

电竞行业的发展离不开粉丝经济，也离不开各类网络平台的流量加持。在本研究中，调查了粉丝群体如何对青少年产生正面的影响。数据显示，有73.6％的受访者期待开展积极向上的粉丝活动，其次是规范主播守则和粉丝群规则，占比为72.6％；67.7％的被访者表示可以通过加大对粉丝群主和相关管理者（如 KOL）的引导和教育，对青少年加以正面引导。还有18.5％的被访者通过网络平台广告接触电竞，62.0％的被访者完

全赞同电竞需要健康的网络环境。商家和俱乐部通过网络平台吸引并聚集粉丝,粉丝通过这些平台与电竞选手及其俱乐部互动。在交互性强的社交媒体,如微博、抖音以及其他直播软件等平台上,二者的交流会更加直接,其影响效果也更加直观、具体和强劲。由此可见,粉丝和平台的活动是电竞文化能否对青少年群体产生积极影响的关键所在。

1. 正确引导粉丝,消解群体极化的风险

正如前文所言,电竞粉丝或爱好者大多出于娱乐消遣、自我提升以及热爱竞技比赛的目的参与到电竞比赛观摩以及相关文化实践中,所以他们有着更为强烈的情感与价值诉求,也更容易受到电竞偶像和平台的影响。因此,应当避免对电竞粉丝乃至所有的粉丝群体加以"饭圈化"等大而化之的批判,这样会加剧对立和矛盾。同时,由于电竞的新颖与低准入门槛,电竞文化将与反叛亚文化、极端群体等相关联,如"狗粉丝"群体就是在游戏主播孙笑川的直播中出现的,所以也应当在这一方面多加关注。

第一,关注电竞粉丝这一群体的具体需求,尤其是青少年群体的精神文化需求。在"双减"后,青少年在学业外的活动中投入大量时间与精力,最容易接触到的就是网络游戏。比起普通电子游戏,电竞游戏对于公平正义感和团队协作精神的强调,能够带动青少年对美好品德的追求。但与此同时,网络黑话、脏话以及极化思想也极可能通过游戏传播扩散。因此应当培养并提高青少年的识别能力,同时加强游戏或直播运营方的监管,及时公开相关行为准则并回应有关诉求。

第二,在媒体宣传和舆情应对时,减少"贴标签"行为,避免使用电竞"饭圈化"之类的措辞。媒体在对电竞相关新闻或社会现象进行报道时时常被"流量为王"的要求所裹挟,因此在案例的选择、语汇的使用以及态度的表达等方面并不能做到兼听则明,通常从一个极端发展向另一个极端,同时还会化用一些网络用语以贴近青少年的网络叙事习惯。但电竞行业是一个动态变化的行业,其他的社会现象如"饭圈"等也会随着监管力度的加大而逐渐平缓冷却,频繁此类"跨圈"表述容易激化不同群体之间的矛盾,加深了对电竞行业和"饭圈"的刻板印象。

2. 完善平台规范，孵化、自省和监管并举

粉丝是多方作用的产物，从根源上解决粉丝经济及其圈层化所带来的负面影响，则更应该强调平台的中介、展演与监督作用。因此，应当凸显网络平台的强大功能，施行有效的、正规化的孵化路径、自我调节与监管机制，使其响应和回馈电竞行业和粉丝的诉求，成为二者间的软性服务载体。

第一，调整平台的内部孵化、组织架构与自我审查工作。不论是孵化平台本身还是平台内部对电竞选手或俱乐部的包装和孵化，都应当遵循基本的社会道德和主流价值观，来自平台内部及有关工作人员、主播、电竞选手的选择和奖惩应当有一套完整的、正规的、透明的、公正的原则和标准。

第二，强调外部监管力量的重要作用。目前网络平台上许多电竞相关的内容还处于缺少有效管理的"灰色地带"，尤其在内部约束失效或影响微弱的时候应当寻求外部力量的介入。相关平台的工会监管内容中应当加入对平台中电竞文化的引导要求，同时优化举报和反馈机制，塑造风清气正的平台环境。

6.4.4　构建多主体监督和引导体系

关于电竞文化正确影响青少年价值观的对策建议，除了上述几项主动引导的作用之外，也离不开多方主体的监督和引导。

本次调查对哪些群体可以对青少年产生正面的影响进行了调研，监督主体涉及电竞企业、行业协会、行政机关、学校教师等。调查数据（见表6-31）显示：首先，就电竞相关企业而言，79.3%的调查对象表示通过电竞企业自身对青少年进行引导是合适的；其次，78.5%的调查对象表示电竞行业协会会对青少年进行引导；再次，从国家和政府的角度来说，73.8%的调查对象表示需要相关政府部门对青少年进行引导，并且有74.4%的调查对象认为可以通过法律法规等规范对青少年进行引导；最后，就社会层面来说，39.5%的调查对象表示需要通过学校教师加强对青少年的价值观引导，同时有48.9%的调查对象认为需要社会全体成员自觉督促。可以看到，大多数调查对象对于电竞相关主体和国家、政府层面

的监管更为信赖;相比较而言,社会层面的监督则由于缺少强制性和有效性而不一定有很好的效果。

针对这一调查结果,可行的对策建议如下:

第一,电竞相关主体可以根据自身特点构建合适的监督体系。具体而言,对于电竞企业本身而言,他们管理的电竞俱乐部和相关周边企业可以通过规范对电竞选手和电竞粉丝群体的管理,从而起到事前防范和监督的效果。与此同时,这种俱乐部和企业内部的规范管理也可以一定程度正向地促进电竞选手和电竞粉丝群体对电竞爱好者和粉丝进行正确引导,传播正确的价值观,从而达到引导青少年价值观的目标。而对于电竞行业协会而言,则主要着重对于各个电竞企业的监管。行业内部需要有一套合理的管理机制,对一些底线问题进行规范,这样可以保证各个电竞企业有一套标准一致的管理制度。

第二,政府层面可以发挥主观能动性,运用自己的专业知识,制定出符合电竞领域特点的行政法规,并进行合理监管。相关行政机关(包括但不限于文化部门、教育部门、市场监管部门等)在制定法律规范时需要充分了解电竞领域的特点,可以通过听证会等形式听取相关行业的建议等形成更有可行性的管理方法。当然,政府层面的监督和引导是通过间接管理相关企业、监督电竞领域来起到间接地引导青少年价值观的作用,因此其规范文件或是行政法规有相应的滞后性,所以需要一定的法律解释使其贴近现实生活。与此同时,自上而下的监管也需要有一定的限度,给予电竞产业一定的发展空间,只要是在正面引导的方向上即可,不可过分介入主体的行为之中。

第三,社会层面的监督更加强调社会成员的自觉性和特定角色的引导。随着电竞领域的蓬勃发展,青少年接触电竞文化的机会和渠道会越来越多,因此单凭借电竞行业和政府的宏观层面的监督和引导也是不够的。青少年也需要培养自身的自觉性,学会分辨是非,确立正确的价值观,不被电竞文化的负面输出影响。这也需要老师对此的正确引导,老师可以提供一些判断电竞文化是否对青少年产生不利影响的方法,帮助青少年吸收电竞文化带来的正面影响而摒除其负面影响。

表 6 - 31　还可以通过哪些群体对青少年引导

	响　　应		个案百分比
	个案数	百分比	
A. 电竞企业自身	405	20.1%	79.3%
B. 电竞行业协会	401	19.9%	78.5%
C. 国家和地方的法律、法规和制度	380	18.8%	74.4%
D. 政府相关部门（文化部门、教育部门、市场监管部门等）	377	18.7%	73.8%
E. 学校教师等	202	10.0%	39.5%
F. 社会全体成员自觉督促	250	12.4%	48.9%
G. 其他_____（请填写）	4	0.2%	0.8%
总　　计	2 019	100.0%	395.1%

6.4.5　推动家庭、学校、社区、社会的多方联动

如何发挥电竞文化对青少年的正向价值观影响，这一问题关乎的不仅仅是外在的、宏观的政策法规导向和约束监管的问题，更重要的是从青少年本身所处的社会生态系统出发，从家庭、社区、社会多方主体共同出发促成电竞文化对青少年价值观的正向导向。根据埃里克森的人格发展八阶段理论，本研究报告所调查的青少年处于第五阶段青春期（12～18岁）和第六阶段成年早期（18～40岁），对于青春期的青少年来说，他们面临着自我同一性和角色混乱的冲突，在这一阶段需要建立起自身的角色定位和价值认同，否则很可能会出现种种越轨行为。而处在成年早期的青少年，面对的是亲密和孤独的冲突，在这一阶段需要学会融合他人的同一性。正如前文有关电竞文化对青少年不利影响的分析中所提到的，电竞文化本身良莠不齐，而在青少年自身的心理发展不完善的情况下，电竞过程中的成瘾心理、道德失范、认知失调、非理性消费等都是极易在青少

年发展的这一特殊时期出现的负面问题。因此,本研究报告根据社会工作中的生态系统理论,分析家庭、社区、社会的多方主体联动在促进电竞青少年正向价值观发展中的重要作用。生态系统理论将个人所处的生存环境看成一个社会生态系统,强调个人行为和社会环境各系统之间的相互作用及环境对人类行为的重大影响,即"人在情境中"。从这一理论视角出发,电竞青少年负面问题的产生就不仅仅是青少年个人的问题,而是一个社会性的问题。青少年置身于其间并相互影响的家庭、学校、社区、整体社会等主体都应该被重新审视,并以此探讨各个主体的影响和责任。

1. 重视家庭的基础性社会化功能

家庭是个体进行社会化的初级场所,发挥着促成个体社会化的基础作用。一般认为,童年期是社会化的关键时期,但事实上,随着现代社会整体教育年限的延长和初次工作时间的推迟,青少年在家庭中的停留时间越来越长,因此家庭的社会化功能也就越来越多地显现出来,无法忽视。我们在批评青少年电竞成瘾心理、道德失范等问题的同时,应该看到这些问题都不是一天造就的,在这些问题的萌芽和形成过程中,我们要多去质问这些青少年背后的家庭去哪了? 尤其是对于未成年人来说,监护人的照管和教育是否真正到位了是最根本的问题。因此,必须重视家庭的基础性社会化功能,通过讲座培训、宣传资料等方式对父母及其他监护人进行再教育,使其认识到青少年所处的特殊时期,电竞文化的内容可能会对青少年造成什么样的影响,应该多采用沟通、引导等方式而非强制、暴力等手段粗暴地加以干涉,以此掌握青少年所接触的电竞游戏类型、电竞时长等内容,及时发现青少年的心理问题和成长困扰。

2. 完善学校教育的根本引导作用

在现代社会,学校是除了家庭之外第二大重要的个体社会化场所。就我国而言,九年义务教育的普及已经基本保证了青少年的教育年限,在青少年的人格发展和价值观形成方面起到了举足轻重的作用。在调查中,我们也同样发现从事电竞的青少年中学生群体的比例达到了约75%,占到了调查样本的四分之三,而非学生的比例仅为四分之一。这一调查结果充分说明了学校在电竞青少年群体中的重要影响地位。在学校中，不仅有教学等显性的、正式的社会化过程，而且还包括了同辈群体等隐形的、非正式的社会化过程。青少年在进入就学阶段后，在学校中接受教育的时长便超过了家庭。这些事实都充分说明了我们在探索电竞对青少年正向价值观影响机制的过程中不能忽视学校这一主体，应该完善学校教育的根本引导作用。首先，学校教育的正式课程应该根据不同年龄阶段青少年的特点设置相应的心理认知课程，使青少年能够分辨电竞内容的好坏，知晓电竞是一把双刃剑，清楚认识到电竞的正向作用以及沉迷其中可能带来的危害。其次，培育青少年正向、理性的消费观，教师应该及时引导青少年群体中存在的对电竞的非理性消费现象和攀比风气，转变电竞的消费风气为对电竞精神的认识和规则意识的培养。

3. 营造良性互动的电竞社区环境

在发挥家庭和学校主体对青少年的正向社会化功能之外，电竞社区环境也是直接影响青少年价值观的一个重要方面。青少年在电竞中不仅仅是在进行游戏竞技等娱乐性行为，而且还在积极地进行游戏互动等许多社交性行为。正如前文调查分析中显示的那样，青少年选择电竞的原因里包括了爱好、释放压力等需求，以及扩大社交范围、追求成就感等因素。除了游戏中的电竞互动社区，电竞青少年还在各种论坛、贴吧、粉丝群等虚拟社区中积极互动。在调查中我们也同样发现了这一趋势，在问及通过何种渠道接触电竞时，通过粉丝群了解电竞的占到了 23.5%。因此，如何对电竞社区进行正向的引导和有效的监管应被平台管理者尽快提上日程。应对电竞社区中存在的暴力、血腥、黄色、引战内容进行屏蔽或举报，如果造成了严重后果的话还要进行追责，同时也要积极号召参与电竞的青少年共同营造一个良性健康的电竞社区环境。

4. 重塑电竞的社会认知

电竞青少年所处的宏观社会也需要得到有关研究者和政策制定者的注意。只有整个社会对电竞的认知风气得到了转变，才能为电竞青少年的正向价值观形成创造机会。因为正是社会对电竞文化的种种误解和刻板印象才导致了电竞青少年被视为"异类"或"问题少年""辍学少年"，对电竞青少年的长期污名化致使青少年缺乏从事电竞运动发展的良性环境,电竞产业得不到人们的关注,因此同样缺乏规范的压力。当前摆在整个社会面前的主要问题便是对电竞的定位和认知不够合理的问题。在不少人们的眼中,对电竞或电竞游戏的认知还停留在"电子海洛因"的认识阶段,人们的脑海里还充斥着对"网瘾少年"的污名化报道。正如奥格本的"文化堕距"概念所示,即使在电竞作为一项体育运动得到了官方认可和发展的背景下,重塑人们对电竞的认知并实现观念的转变仍然是一个长期的、复杂的过程。在这种情况下,人们对电竞的认知只能通过相关政府部门不断认可,以及媒体报道或电视剧等文化载体的不断宣传得到改善。

第 7 章
上海电竞产业存在问题与对策建议

课题组通过分析上海电子竞技产业发展的现状,总结出上海电子竞技产业存在的电子竞技运动员匮乏、社会对电子竞技仍存偏见、行业规范不健全、政府管理错位、商业价值和用户体验有待提升等问题,并给出相应建议。

7.1 上海电竞产业存在的问题

7.1.1 民众对电子竞技存在偏见

民众对于电子竞技仍然充满偏见。民众对于新事物的认知和接受都是需要一个循序渐进的过程的,而对于新事物的接受程度自然而然会影响新事物的发展轨迹。人们耳熟能详的竞技项目无非就是体育运动,如短跑、跨栏、跳高、游泳、马拉松以及各种球类运动,这些运动在竞技层面上可以体现人类的意志、精神和力量,比较有名的就是奥运精神。而在日常层面上这些运动也能锻炼身体,带来健康和强壮。但电子竞技在日常层面上的表现就是打游戏,虽然不失为一种消遣,但沉迷游戏会带来一系列负面影响,几乎每位家长都想让孩子去锻炼身体而不是在家打游戏。所以人们对电竞有偏见,认为电竞就是一群人打游戏,只会带坏孩子。甚至很多年轻人也对电竞存在认知错误,认为电竞不能算是竞技项目。这是普遍存在的对电竞的极大误解。不仅如此,现在仍然有很多人将电子竞技和电脑游戏化等号,并将电子竞技视为危害青少年的"毒品"。社会舆论对电竞行业的偏见导致了整个行业的氛围和发展都受到极大限制,即使是在相对开明、开放的上海,电竞行业仍面临很多质疑和反对。这个问题归根结底还是民众对于电子竞技产业的了解不足,从而导致了民众对于电子竞技行业的偏见,在很大程度上阻碍了电竞产业的健康发展。

7.1.2　电竞人才培养体系不健全

电子竞技产业的发展面临着赛事执行和综合服务紧缺、资金需求和人才需求明显的问题。虽然电子竞技已被列为新增专业,但电子竞技教育发展速度仍不及电子竞技行业增速,相较培训周期长的学历教育,中短期的职业技能教育在近年更被市场需要,也需针对性解决电子竞技在内容制作、赛事执行、传播等热门需求岗位的人才输出问题。

7.1.3　政策和行业规范缺失

1. 相关政策和规范尚不健全

由于发展历史较短,整个电竞行业都处于监管缺失状态。首先是相关政策、制度规范还不健全,不能满足电子竞技产业的快速发展,如网上出现的主播代打等问题,在法律层面上如何定性尚且没有依据。此外,电子竞技运动应该是由多个机构共同管理运行的,但在我国却是多头监管,亟须制度规范的出台。

2. 行业缺失规范、无序发展

在行业规范问题上,我国电子竞技行业内目前缺乏统一的行业规范,导致整个行业的无序发展,才会使影响赛事公正的丑闻多次曝出。上海的这些电竞俱乐部也面临诸多规范发展的问题,如俱乐部的盈利问题、电竞选手的转会问题、电竞从业者的权益保障问题、电竞比赛的公正问题等,都是妨碍行业健康发展的不良因素。尽管上海在电竞领域比国内其他城市要先行一步,但如若不能建立行之有效的行业规范,"电竞之都"的建设也是沙上建塔,不能形成良性的电竞生态圈。

7.1.4　电子竞技衍生产业发展

现阶段，在上海"全球电竞之都"的建设过程中，还存在产业链下游衍生产业发展不足的问题。电竞产业通过与其他相关产业相融合，能够衍生出很多的新兴产业，而其中的衍生产业包含以电竞游戏故事为主题制作的电影等。但从现状来看，很多生产商和运营商对电竞游戏的投入较多，而在一定程度上忽略了电竞衍生产业的发展。此外，即使有相应的衍生产业，但其衍生及赛事收入也非常有限，不仅不利于电竞衍生产业的更好发展，同时也不利于运用衍生行业不断提高电竞行业的影响力。两者之间没有产生协同效应，不利于促进相互之间的合作和共同发展。在新常态下，只有重视对衍生行业的扶持，才能促进电竞行业不断发展，从而更好地形成当前所倡导的全面协调可持续的发展态势。

7.2　上海电竞产业发展的建议

7.2.1　培养社会对电子竞技的正确认识

1. 大力推广电竞知识教育

宣传部门可以在普通市民中开展电竞文化的普及活动，让普通市民走近电竞、了解电竞，可以针对不同年龄层的市民普及不同类型的游戏内容来增进市民对于电竞产业的了解。需要让民众将电竞视为像棋类、桥牌类等普通的休闲活动，不要视其为禁忌和洪水猛兽。

2. 促进青少年树立正确的电子竞技运动观

在高校教育中，教育与卫生部门应积极加大对电竞运动知识的普及，引导师生树立正确的电竞运动观，为推动电竞专业教育发展做好思想工作。高校可以通过校园广播进行电竞运动知识科普，通过校园网络平台向广大师生展示我国电竞运动竞赛成果、宣传国家层面的各类各项政策支持，提升师生对高校开展电竞专业教育的信心，并加深对高校开展电竞专业教育重要性的认识。

3. 政府正确引导,积极支持

政府等管理部门应进行正确的舆论引导,让全社会认识到电子竞技体育产业的发展是市场经济的要求和广大人民群众精神文明的需要。政府应采取积极的产业政策进行扶持,面对当前已逐渐完善的黏合力极强的产业链,我国政府有必要建立一定的行业规范,同时在税收优惠、银行贷款、投资环境、基础技术研发和产业预警等方面进行适当的政策倾斜,推动我国电子竞技体育产业发展。如上海市体育部门将在浦东率先试行电子竞技运动员注册制,又如浦东宣布与腾讯电竞、网易赛事、完美世界等国内电子竞技行业的企业签约,通过政府与企业的合作充分发挥优势。

7.2.2　以职业化为目标培养电竞人才

1. 建立完善的专业人才培养体系

对于电竞从业人员严重缺乏的问题,上海在"电竞之都"建设中不仅要推动专业化发展,还要加强电竞从业人员的培养,从各方面不断提升电竞从业人员的素质和能力,不断解决我国高水平电竞从业人员严重短缺的问题,从而实现电子竞技行业链的进一步发展。电竞行业核心部分大体可分为赛训人员和非赛训人员两种不同的培养模式。赛训人员需要专业型人才,如选手、教练和解说等。其工作内容相对固定,所需技能结构比较单一,可由专业性院校进行培养。在电竞人才培养方面,一方面应鼓励电竞行业和高等教育机构合作,在合作的过程中,加强对电竞从业人员的培养,为电子竞技产业链提供大量的后备竞技人才。当前上海高校电子竞技教育刚刚起步,在对教育现状进行分析的基础上不断探索其发展路径具有必要性和迫切性,高校电竞人才培养体系亟待科学的、多维度的论证和完善,其过程对于其他实践性强的专业改革也具有一定的推广和实践意义。另一方面,在对我国竞技人才进行培养时可以采用金字塔式,从最基层开始培养电竞从业人员,让电竞从业人员经过长年的刻苦训练逐渐升到金字塔尖,从而为电子竞技产业链提供更高质量的人才。

2. 从青少年抓起,完善职业从业者培养制度

电竞选手培养尤为重要,其成长需要几个条件:天赋、更早接触电竞、

专业化训练。在职业电竞选手培养问题上,政府需要引导建立以社会青少年赛事培养为主、俱乐部培养为辅的发展方式,让青少年更早地接触电子竞技教育、培训、比赛。具体来说,政府可以引导在青少年群体中组织一些益智类、策略类的游戏比赛,借此发现有天赋、有兴趣成为职业选手的对象,通过专门的青少年赛事来选拔和进一步培养职业选手,从而形成完善的电子竞技职业选手培养体系。非赛训人员则一般从事俱乐部管理运营、赛事组织、品牌、公关、直转播等方面工作,需要大量复合型人才和多样化知识背景。目前电竞行业从业人员大多为非对口专业人员,这是电竞行业内部管理水平不高的重要原因。一方面,电竞行业需加强人力资源管理体系建设,建立健全职业发展通道,制定合理的薪酬体系来吸引人才。另一方面,教育部门应出台相关政策,在综合性院校设置培养电竞所需综合型人才的专业。同时,政府可针对电竞产业发展出台促进政策,如成立电竞行业主管部门,给予电竞相关企业一定的税费优惠等。要特别注意的是,造就世界顶尖职业选手,最重要的是培养电竞职业精神,即多年如一日把一件事情做到极致。这考验的是选手有无正确的世界观、价值观,对电竞是否真正尊重、理解和热爱。为此,家庭、学校、社会要形成合力,引导青少年养成良好的用网习惯、积极的竞技精神,把电子竞技与沉迷游戏区别开来,以健康心态走向阳光的未来。

3. 高校教育和企业培训相互促进

在产业周边人才问题上,一方面高校在推进电竞专业自身发展的基础上,在课程设置方面可以将电竞专业课程和周边专业课程相互纳入,促进电竞行业综合人才的培养。另一方面,企业也可以全面开放电子竞技课程,让有志于从事电竞周边产业的人员积极提高自身素质和能力,也可以为电竞周边产业人员开设相关课程,在提高自身素质和能力的同时又能使自身的管理水平得到提升。电竞人才培养体系的建立在职业教育方面,即学历教育里面的中职、高职和非学历教育的职业技能培训在2020年就开始快速启动并且有了一定的成效,如上海有六所中职院校开设了电子竞技相关专业,中高职中有三所院校开设了电竞相关专业,大学中上海体育学院、上海视觉艺术学院都开设了跟电竞相关的专业。这表明上海已经意识到电竞产业蓬勃发展后所带来的人才缺口。然而据了解,中国传媒大学数字娱乐专业的课程安排中,电竞只占全部课程的一小部分。具体到课程,电竞方面,有的学校与英雄体育(VSPN)合作,开设了包括电竞概论等基础理论课,也有赛事导播、赛事运营、游戏数据分析等实践课。电竞之外,学生还需学习数学、游戏技术、美术制作、数字媒体技术等基础课程,内容涉及高数、线代、C 语言、3DMax、数字图像制作、音视频剪辑等。课堂作业与毕业考核的形式也较为丰富开放。毕业时,电竞专业的同学可以在论文和毕业设计中任选其一,既可以针对某个电竞行业现象做研究,也可以跨专业和其他同学设计一款游戏。日常的课堂作业则包括设计桌游、策划比赛、玩游戏写报告等,一位学生说:"我们的电竞概论课,结课作业让学生做一个电竞方面的创作计划,赛事或电竞综艺都可以,只要跟电竞相关,选择范围很大。"除此之外,老师也会给学生一个游戏清单,让大家在玩完之后写一篇报告出来,很多论文的论点和关键想法都是在玩游戏过程中碰撞出来的。学习过程虽充满乐趣,但在不少同学看来,一些课程的设置和规划还不太成熟。谈及专业学习感受,有学生表示"在选课上,其实没有什么可选的余地,基本要把所有课都选完了,才能修够学分。其次,电竞专业课多是外校老师来授课,课程源于他们的内部培训资料,授课对象主要是管培生,在课程匹配上存在一些问题。"因此,根据实际就业市场和电竞人才市场需求对高校课程进行合理调配是非常必要的,理论为主的传统式大学课堂在一定程度上或许不再适合应用性较强的电竞人才培养。

我国学历教育下的职业技能等级培训也是比较滞后的。2019 年国家发布了两个与电竞相关的职业技能等级培训,一个是电子竞技运营师培训,一个是电子竞技运动员培训,相对来说是体系有余,实施不足。之后需要加快推进学历教育和职业技能培训,尽快赶上行业发展水平。而在电竞教学和人才培养的内容上也缺乏相对统一的标准,还是处于摸着石头过河的状态,没有前瞻性和合适的预估,而是实际需要什么就弄什么,也没有出台相关教材。缺乏师资和缺乏内容是目前电竞人才培养最大的不足。"一些电竞专业院校还是以 2005 年出版的《电子竞技运动概论》等老版教材为主，部分新编教材为辅。"

　　行业发展迅速带来的岗位很多，变化也很快，在未来应该更多地培养行业基础人才，而非点对点根据产品进行培养。因为每个产品都是有生命周期的，所以一定要注意避开。最后一点就是要开放双师型教师的门槛，让一些行业专家进入到学校给学生们上课。如全国率先开设电竞专业的锡林郭勒职校，当初公布的教师阵容基本是由电竞退役选手和业内人士组成的；中国传媒大学南广学院也聘请了李晓峰、BBKinG（刘洋）、LGD创始人潘婕等多位电竞从业者为"业界导师"。但是，有业内声音认为这些职业选手缺乏教学经验，认为"在电竞教师的考量标准上，聘请行业资深从业者或许是最佳的选择，但问题在于，无论职业选手的光环有多耀眼，他们都不是一个教育从业者，因此在实际的教学过程中，视频和讲座的形式能让学生们吸收到怎样的知识和营养，将是检验电竞专业设置的一个关键。"因此针对电竞教师进行教学考核标准的建设也是需要提上日程的。

　　在我们的研究中，有一家俱乐部的人才培养模式是值得注意的，我们对其俱乐部经理进行了访谈（为保护个人隐私对部分信息进行处理）。该经理2018年底进入上海某电子竞技俱乐部从事该行业，目前俱乐部中有1名教练、4名队员和2名工作人员，即该俱乐部中有4名职业运动员和三名运营人员。俱乐部主要收入为投资人资金和战队参赛奖金，通过高校联赛选拔出精英人员进入战队试训，再通过队内的试训和实战对抗，最后形成战队的队员。队员都是具有一定文化水平的大学生，俱乐部对队员的管理比较宽松，比赛期间由教练提供战术分析与制定实战演练，平时由队长负责队内训练制度，根据俱乐部提出的训练目标进行训练，在一定周期内实行末位淘汰制，更多还是通过以赛代练来不断提升队员的水平。对于俱乐部的未来，经理希望今后能在大学生中不断培养出新的后备队员，能够真正意义上改变外界对于电竞运动员文化水平较低的不良印象，不断提升在某游戏的行业地位，扎根青训，为这个项目培养更多的未来世界冠军。队员退役后大部分从事主播、解说、教练等电竞相关行业。目前战队与上海某院校正式合作，基地也入驻了校园。经理认为目前电竞人才培养模式应该学习训练两头并进，应该具有正确的青训观，培养一批具有文化素养、正确价值观的电竞运动员，使得队员们在退役后依然能够继续从事电竞行业。"对于人才的培养不应该过于商业化，还是应该要重视青训，正确的青训不应该充满铜臭味，而是扎扎实实从基层做起，目前更多的现状是电竞选手因为读书都不好只会打游戏，凭着一腔热血投入到这个行业中，去机构参加培训班、去电竞俱乐部参加训练等。这都是不负责的做法，毕竟这个行业未来能够出名的可能连万里挑一都达不到，更多的人员并没有得到正确的引导，可能具有错误的人生观、世界观，一旦没有成名，未来很有可能无法成为这个社会需要的其他人才。我们还是应该回到正确的青训观中，通过与高校的合作，在保障能拥有完整的、正确的文化素养后，培养出相应合格的电竞运动员，为整个行业加油助力，在高光时刻褪去后，也能够在这个行业中发挥出自己的余热！"俱乐部经理说。

7.2.3　政府正确引导与积极支持

1. 加快相关政策规范出台的进程

政府应尽快出台电竞产业发展指导意见，研究出台新一轮政策扶持电竞产业发展，制定行业发展规划。上海在规范和标准建设方面历来敢为人先，出台的《上海市电子竞技运动员注册管理办法（试行）》在全国范围内属于首例，也是有益的尝试。但这还远远不够，上海需要加快相关的规章和制度的出台，以此来规范、引导电竞行业良好竞争、有序发展，相关政策的出台也更有利于电子竞技运动为人们所接受。

2. 建立统一的行业规范

政府应指导成立相关行业协会组织，制定行业规范，协调行业事宜，开展行业培训和市场调研，对接国际相关组织机构，进行电竞选手、电竞俱乐部、电竞游戏、电竞赛事的认证和服务工作。应开展更具权威性和持续性的电竞行业收入规模、用户规模等方面的调研，出台行业发展报告。需要尽快建立起系统的电竞行业规范，对上游的内容制作和授权，中游的赛事、俱乐部和电竞选手，下游的电竞传播进行有效的监管和规范。行业规范的建立不仅可以促进行业的健康持续发展,而且会扭转全社会对电竞行业的质疑和偏见。如网络游戏的分级制度、游戏注册实名制等,可以解决社会大众最为担心的青少年游戏成瘾问题,从而在很大程度上转化不利于电竞产业良性发展的社会舆论。政府应进一步厘清管理部门职责分工,由体育部门负责体育运动中电竞项目的组织工作,负责电竞运动队的选拔和参赛,由文化部门负责电竞游戏、电竞产业和市场的管理等工作。

3. 建设政、校、企三位一体协同发力的人才培养体系

电子竞技产业的高速发展,为相关人才建设提出新的要求。《上海电子竞技产业发展评估报告》指出,当前上海市电竞产业面临的最大问题是人才匮乏,上海对电竞人才的需求领先全国。其中需求最高的是电竞游戏开发与电竞赛事服务两类,占到所有人才需求量的六成。需要集中政府、高校、企业的资源,协同发力,建设以政府支持性政策为引导,以高校技术性人才为核心,以企业专业性人才为主体的三位一体的人才培养体系,以此为上海市"全球电竞之都"的建设持续性输出产业人才,保证上海市电子竞技行业的健康稳定发展。

(1)以政府支持性政策为引导。上海市在电竞产业相关发展的政策支持上已经走在全国的前列,在电竞人才培养上,还需要政府持续性地出台相关政策引导,输出行业相关的规范标准。即将推出的"全球电竞之都指标体系""电竞场馆评级和裁判员标准"等,都将让上海打造"全球电竞之都"的进程更行稳致远。

(2)以高校技术性人才为基石。《上海电子竞技产业发展评估报告》中显示,上海市游戏开发人才需求在电竞产业中居于首位,游戏开发人才需求面临巨大缺口。高校在电竞专业设置上应该明确自身定位,对于高校来说,技术性是高校人才培养的最大优势。高校应该充分利用自身优势,聚焦于产业的中上游,培养在专业和素质水平上更具优势的技术性人才,为上海市"全球电竞之都"的建设提供核心的人才支撑。

(3)以企业专业性人才为主体。俱乐部和电竞平台是电子竞技产业

人才培养的重要推动力量。俱乐部作为电子竞技产业发展的基本单元，输出了职业选手、主播、管理人员等众多的产业人才。电竞平台作为赛事的主办单位，在赛事组织、策划等赛事服务业相关的人才培养上具有更丰富的经验和资源。未来，对于电竞运动员、电竞教练等专业性人才的培养应该继续以企业为主，利用企业在资源和专业上的优势来更好地选拔和培养相关人才。

7.2.4　探索电子竞技商业价值

从目前来看，上海电子竞技产业链下游衍生行业还发展得不足。因此，在建设"全球电竞之都"的要求下，要注重提高电竞 IP 衍生行业发展能力，从而进一步推动上海电子竞技产业链的发展。当前，上海电竞衍生行业的硬件外设和动漫展等影响力较大，所以在电子竞技产业未来发展过程中，可以积极与影视和音乐等领域合作，不仅能够促进电子竞技行业的有效发展，同时也能制作出电竞相关的音乐剧、网剧等，符合当前大众的审美需求，也能有效提升电竞行业的影响力。此外，还需要市政府的积极帮助，对电竞 IP 衍生行业给予相应的政策倾斜，不仅能在一定程度上促进上海电子竞技产业的发展，同时也有利于推动上海社会经济的发展。

产品层面，MOBA 类游戏和射击类游戏赛事的观众基础雄厚，在所有观看电子竞技赛事的用户中分别占 76.6% 和 48.4%，此类赛事应投入更多关注。城市赛事和校园赛事的观看需求低，在这类竞赛中可加入差异化特点吸引用户。在传播渠道层面，大多数用户仍通过垂直渠道了解电子竞技赛事，在向全民渗透的过程中需利用社交渠道分发价值。电子竞技爱好者在其他领域如体育运动、二次元等有显著偏好，在商业价值开发时，以上领域的 IP 联动和跨界营销值得关注，警惕盲目借势营销。可以通过电子竞技游戏教育培训产业集群、电子竞技游戏智能硬件产业集群、电子竞技游戏内容及应用产业集群、电子竞技小镇服务配套集群等发挥联动效应，如国际上首屈一指的游戏平台 Steam China 落户上海浦东，增强了电子竞技产业在上海的集聚效应。

综上所述,上海的"全球电竞之都"建设已经取得了阶段性的成果。在此基础上,上海市需要着眼长远发展,提前布局建设与"全球电竞之都"相适应的人才培养体系,夯实电竞产业的根基,有着"从 0 到 1"攻坚基因的上海也将通过输出标准规范来引领带动电竞产业健康发展。

第8章
科创驱动下上海电竞产业的发展困境与对策

电脑芯片配置的迅速发展使得更多需求的高配置的游戏得以运行，也让游戏体验更为畅快，相应的游戏竞技性也变得多样化，互联网使得世界玩家得以在一起进行竞技，这也促使了电竞赛事的产生。如今随着信息技术的迅猛发展，5G、AI、VR、VI、大数据分析等技术在电竞产业的应用日益广泛，使得电竞无限趋近于狭义理解中的体育运动。本章研究报告主要探讨 5G、AI、VR、AR、大数据分析等创新性技术在电竞赛事、电竞消费、电竞后台分析、电竞社交媒体等领域的应用。

8.1 科创驱动下上海电竞产业发展困境

文化产业数字化转型作为建设国际数字之都的关键"落子"，得益于文化创意与科学技术相互融合的内生机制，上海已逐渐形成以数字消费为驱动、以平台模式为主导、以数据挖掘为资本、以开放创造为特质的转型特征，并使文化产业展示出组织柔性化、内容定制化、生产模块化和集聚数字化的全新发展特性。但相比于上海市国际经济、金融、贸易及航运建设，文化产业发展相对滞后，文化产业数字化转型在政策、机制、社会等维度具备提升空间。尽管目前上海电竞产业的发展逐渐缓解了上一发展阶段中社会认可度低、商业模式不丰富、市场主体不成熟、产业定位不明确等问题，但资产泡沫、人才缺失、法律及伦理问题频现、文化内涵缺乏、研发投入不足、存在市场进入壁垒、赛事筹办推广受限、跨产业融合程度低等一系列治理乱象依然存在。当前上海市科技创新驱动下的电竞产业发展与治理仍然存在一系列难点、痛点和堵点。

8.1.1　电竞产业的内容困境

卓越国家和卓越城市需卓越文化的支撑,在百年未有之大变局的新时代,作为承载中国文化传承与弘扬重任的文化产业正在经历数字化转型的关键阶段。电竞已经成为亟须重视的精神文明传播阵地,将健康向上的文化观念内化到电竞内容中,不仅有利于民众在娱乐和体育竞技中接受文化价值观的自然渲染,对"讲好中国故事"和"增强中国引力"也皆具厚重的现实意义。然而在电竞产业迅猛发展的近十年时间里,文化内涵匮乏始终是社会对电竞产业产生不满情绪的重要因素,主要体现在三个方面:一是电竞游戏内容缺乏文化支撑。当前电子竞技游戏的主流为MOBA类(多人在线战术竞技游戏)、FPS类(第一人称射击游戏)和SPG类(体育竞技类游戏),其中 MOBA 类和 FPS 类近年表现尤为突出,但普遍存在游戏内容和游戏人物背景设计简单粗暴的问题,模块化、套路化的剧情规划难以让玩家得到文化获得感。二是电竞游戏内容和设计存在文化歪曲现象。一个典型案例是近年火遍全国乃至全球的《王者荣耀》,因其游戏形象和故事背景、脱离文献记载且篡改历史客观事实,引发社会舆论的广泛批评,人们认为,尽管当下一揽子"防沉迷"政策和新规一定程度防范了青少年对电竞游戏的过度沉迷,但电竞游戏内容为年轻一代构筑了错误的文化输入已成既成事实。三是在电竞产业中对上海文化要素乃至中国文化要素的挖掘与传播仍显不足。无论是过去所谓的电子游戏时代、网络游戏时代还是现在大众熟知的电子竞技时代,我国的国产游戏尽管借助《三国演义》《水浒传》《西游记》等经典名著设计游戏场景和人物故事,但普遍只是简单的同名套用,缺乏与中国文化的深度融合。如基于《三国演义》故事框架的游戏,全球销量最大、知名度最高的是日本 KOEI 公司出品的《三国无双》系列游戏,而非中国企业出品。反之,大量外国企业设计的游戏将西方文化价值观通过电竞产业输出到中国,容易造成我国电竞用户缺乏文化自信,甚至产生意识形态偏差。

8.1.2　电竞产业的技术困境

基于电竞技术视角,当前数字信息技术依然难以满足电竞用户的想象和需求。以 VR/AR 电竞游戏为例,最主要的虚拟现实技术有三类,即生成虚拟环境的图形渲染技术、与玩家进行交互的动作反馈技术和提供流畅无延迟画面的数据传输技术。如今三项技术都较为粗糙,难以为玩家提供贴合想象的游戏体验。首先,现有图形渲染技术受到算力影响,主要的运算和绘图渲染更多依靠电脑或大型游戏终端完成,导致 VR 装备无法完全独立使用。同时 VR 电竞体验需要更高效的无线传输技术降低迟缓,否则容易造成图形渲染技术不过关,视网膜接受的图像清晰度低,用户大脑难以模拟出身临其境的感觉,动作反馈技术亦受到传感器精细度的影响,不能有效获得以假乱真的沉浸式游戏体验。其次,在动作感知和传输上,目前市面的控制器基本无法提供肢体细节的感知,市面上技术领先的电竞游戏仅能采用适当惯性和马达震动进行受力反馈,造成电竞玩家缺乏真实的游戏体验。最后,现有市场化的 VR/AR 游戏,暂无游戏场景与真实环境的交互技术,无论是游戏 NPC 还是游戏主角都难以面对实时环境作出更切合真实场景的反应。

8.1.3　电竞产业的硬件困境

科创驱动下的电竞产业需要与技术进步相匹配的电竞设备作为支撑。同样以支持 VR/AR 技术的电竞设备为例,首先,目前通行的 AR/VR 设备性价比不理想。其中,VR 设备主要分为头盔类显示硬件、眼镜类显示硬件以及体感营造与数据获取类硬件三种。头盔类显示硬件和体感营造与数据获取类硬件都较为昂贵,且后者要求有一定的游玩空间,对玩家的房间面积提出了一定的要求。眼镜类显示硬件虽然价格较低,但大部分解码能力有限,难以如头盔一般支持配置需求较高的 VR 游戏大作。其次,AR/VR 游戏对外设需求高。部分 VR/AR 游戏会推出外部连接设备，目的是让电竞用户获得更好的沉浸式体验和动作反馈，或在游戏交互中更好定位目标对象。但该类外设存在双刃剑风险，即造成玩家等级分层并给用户造成经济负担。再次，VR/AR游戏设备市场推广不易。由于高端设备价格昂贵，为了推广VR/AR游戏，商家会通过体验店、展会等形式推广VR/AR游戏设备，但疫情防控期间，民众需减少聚集、保持人际交往距离和注意清洁卫生，往往会导致这种多人共享的经营模式在市场推广中受阻。

8.1.4　电竞产业的社会困境

尽管电竞产业在近十年得到井喷式发展，但产业受众范围紧缩且集中在青少年群体，在全社会层面中存在显著的"数字鸿沟"，阻碍了文化软实力的进一步提升。非电竞玩家群体将电子竞技定位为"精神鸦片"，电竞选手"不务正业"，电竞主播"网络乞讨"，一系列固有印象和惯性思维导致电竞产业面临文化包容困境。电竞文化的大众化普及和渗透仍有很大的改革空间，具体主要体现在三个方面：一是电竞文化的大众传播不足。各电竞传播平台和渠道上的内容、形式、语言用词等在大众群体中不具有普适性，难以让非青少年群体广泛接受。二是电竞文化的大众教育不足。当前，包括上海市电竞产业在内的数字文化产业人才缺失，其中既涉及数字化转型所需的高层次管理及技术人才，也包括文化创意新经济、新业态的草根人才。电竞产业除了需要顶级水平玩家，高素质、强能力的关联产业管理者、电竞直播服务提供者、电竞文化宣传者等岗位存在明显空缺。基于此，数字化转型下通过大众化教育，培养电竞产业等文化产业所需的各类人才迫在眉睫。三是电竞文化的大众化制度建设不足。关于提升电竞产业转型的公共服务性和公平性的制度建设有待深化，政策、企业、社会层面缺乏帮扶"数字弱势群体"的具体措施，如何在电竞产业自身发展和融合发展中实现"数字包容"、破除"数字鸿沟"亟须讨论和解决，进而满足更多市民群众多样化品质化生活需求，切实推动文化发展成果由人民共享的产业数字化转型理念。四是电竞文化的大众化创新不足。电竞产业创新水平较落后，电竞创意模仿成本低廉导致高质量创新不足，缺乏适合全社会层面的电竞游戏,"创意园"模式过于商业化且园区企业间缺乏合作互动,电竞产业在内的数字文化产业政、产、学、研一体化网络体系有待完善。

8.1.5　电竞产业的文化困境

美国社会学家奥格本在1923年提出了"文化堕距"概念,用来描述和解释社会变迁过程中文化集丛的一部分因落后于其他部分,进而呈现呆滞的现象。当前,在高速发展、极度繁荣的电竞产业物质文化背后,其制度文化和精神文化发展却分别处于相对落后和严重滞后的状态,产生了鲜明的"文化堕距"问题。首先,电竞文化软实力发展速度落后于科创技术进步速度。数字经济背景下,AI、8K、VR、AR、5G、Web3.0 等高新科创技术联翩而至,大数据、区块链、元宇宙等数字化方法与理念接踵而来,相当规模的电竞企业加速融合电竞与各项数字技术并逐渐覆盖和延伸电竞应用场景,但当前大量产业融合和场景融合仅体现为网络游戏与科学技术的简单拼接,缺少电竞文化的高质量植入和高品位创新,以致电竞数字文化空间挖潜不足、电竞 IP 营销影响范围较小等。其次,相比于商业模式成熟、文化底蕴厚重的传统体育产业,电竞产业起步晚且电竞游戏产品生命周期短,绝大多数电竞关联企业仅追求眼前利益,寻求用数字技术"赚快钱",恶性竞争、自我纵容乱象频发。再次,社会层面对电竞产业的排斥情绪和"污名化"定位很大程度上缘于对电竞产业认识不足和媒体负面报道冲击,究其原因是电竞产业领域媒体话语权对抗失衡。一方面虽然当前虎牙、斗鱼、Bilibili 等电竞媒体运营模式日趋成熟,但对电竞产业的宣传通常停留于游戏和赛制层面,在文化层面的报道往往力不从心;另一方面,当前电竞主要受众的经济能力和年龄层次不高,缺乏充分的发声渠道。最后,电竞游戏的种类不足,如 MOBA 类和 FPS 类游戏主题难以满足中老年人的游戏需求和娱乐品味,进而形成了数字化转型中文化娱乐产业的代际割裂和代际冲突。

8.1.6　电竞产业的体验困境

基于电竞玩家角度,AR/VR 电竞体验带来的身体运动负担直接阻碍了传统游戏玩家和非游戏玩家进入 AR/VR 市场。这个现象在 VR 游戏上表现得更为明显。VR 游戏头盔所提供给玩家的逼真视觉体验,会让大脑误以为玩家自己确实处在一个全新场景,但沉重的头盔、外设等硬件设备以及游戏规则机制中所要求的下蹲、起立等动作往往给电竞玩家的身体肌肉带来极大负担。除此之外,VR 游戏本身因 3D 眩晕和动量失衡而引起的一系列生理性问题更为普遍,而此类反应会因定位失准和显示延迟等技术问题和网络问题加重。而 AR 游戏同样存在生理性障碍,以当前 AR 游戏的主要模式"AR+LBS"为例,该类游戏主要是玩家通过位置移动和游戏物品完成交互过程,为了完成游戏任务,玩家动辄要走三四万步,游戏过程中的运动疲劳感会将许多不热爱运动或无法持续运动的游戏玩家拒之门外。同时,因 AR 游戏所引发的交通事故等问题时有发生,为电竞产业发展笼罩了一层阴影。

8.1.7　电竞产业的法律困境

电竞产业数字化风险防范难度高,伦理规范、研发成本、信息茧房、侵权行为和网络版权监管等问题频繁涌现。当前政策和法律对电竞等文化产业产权保护和文化产业数字化风险防范仍显不足,其中电竞直转播业务中的文化风险尤为突出。直播、转播、录播及短视频等媒介对电竞产业的发展具有关键推动作用,同时也是电竞产业营收的重要渠道。2018 年数据显示,国内电竞产业融资中直播行业占比 67%,媒体直转播在电竞各渠道收入中增长速度最快,从 2016 年到 2021 年的年复合增长率达49.8%①,成为全球电子竞技产业的第二大营收来源。市场驱动下的电竞直转播为城市发展带来红利的同时,也产生了大量侵权、散播不良信息、恶意垄断等不利于行业健康发展的负面事件。具体来看,主要存在两方面问题:第一,当前上海市有关电子竞技直转播与相关网络视频管理体系尚不完善。2020 年 8 月,上海市分别发布了《电子竞技直转播平台管理规范》与《电子竞技直转播技术管理规范》,这两份规范分别对电竞直转播过

---

① 数据来源:《2018 年电子竞技产业报告》、Newzoo 统计数据。

程中的信息发布审核、播出、播出平台以及技术管理要求提供了依据,但缺少对电竞等网络游戏直转播中的版权保护问题的讨论;第二,电竞直转播缺乏充分的内容审核和监管。尽管已有文件对主播行为规范提出了要求,但电竞直转播中主播传递低俗、谩骂、色情、攀比、歧视等负能量信息的现象仍大量存在。除依托网管监督和民众举报等常规互联网治理手段外,缺乏稳定强效的审核和监管机制。除了电竞直转播中所暴露的法律及伦理风险,像在进行 VR 游戏时在虚拟环境中产生的伦理道德问题,目前还没有明确的法律规定。此外,科创技术驱动下的电竞游戏发展中存在的国家安全风险、用户隐私风险、数据控制权限问题、利益分配问题等亦逐渐成为法律层面亟待探讨和解决的重要议题。

8.2　科技创新驱动上海电竞产业发展与治理对策

8.2.1　立足人民城市建设,服务人民美好生活

2010 年上海世博会"城市,让生活更美好"的口号开启了新时代、新愿景、新篇章,将提升城市能级的愿景同人民的美好生活追求紧密相连,让城市发展真正惠及人民。习总书记在考察上海时提出"人民城市人民建,人民城市为人民"。上海挺立在中国城市化高速发展的壮阔潮头,始终引领着中国城市建设的风气,"人民城市"建设是上海在新时代继续引领中国城市建设和发展的必然要求。其中,包括电竞产业在内的文化产业建设是新时代人民城市的核心功能和关键环节,是满足市民群众多样化品质化生活需求、推动文化发展成果由人民共享的民生工程。应在保持经济社会稳步发展的基础上,做好文化产业发展和城市数字化转型的高效交融,不断提升上海这座国际大都市的产业硬实力和文化软实力,高质量提升城市能级和核心竞争力。因此,数字化转型下的电竞产业治理应坚持以人民为中心,聚焦人民群众的需求,无论是文化产业数字化发展,还是其他产业数字化发展,均能为人民创造宜业、宜居、宜乐、宜游的良好环境起到关键作用,以电竞产业治理为抓手,让人民有更多获得感,为人民创造更加幸福的美好生活,显然是立足新发展阶段、推动高质量发展的时代选择。

8.2.2　优化电竞产业体制,纾解管理分权冲突

当前我国电竞产业的管理体制面临着"外部不顺、内部混乱"的双重桎梏。外部管理体制中,监督、管理、立法、执法等环节的参与组织(如各级政府部门、各类行业协会等)不一致且各自政策多倾向本部门管辖领域,致使权责划分不清晰、部门间沟通不畅通,进而引起电竞产业配套管理政策出台慢、力度小、强制性低等问题;内部管理体制中,电竞俱乐部、直转播平台、主播工会、职业选手、培训机构、赛事组织机构等参与主体在过去十年因行业规制不完善、不统一而出现缺乏自我约束的普遍现象。因此,现行的电竞产业体制架构难以兼容科创驱动下的数字文化产业新业态,亟需优化电竞产业管理体制,通过归并文化管理职能,统一电竞产业市场管理权,将容易造成部门冲突、部门推诿、部门拔河的"同权分割"体制向"异权分割"体制转变,即从以专业分类与行业分工为基础的"小文化部制"向以党政分工、管办分离、企事分开为基础的"大文化部制"转变。具体来说,建议由全国性指定部门对赛事运营、业内竞争、职业选手培育、平台运营、主播监管等方面进行统一化规定和管理,并"自上而下"引导电竞产业各参与主体建立各行、各类、各级标准和软硬规制,旨在从制度建设的底层逻辑上提升电子竞技等新业态文化产业的治理绩效,为文化软实力建设保驾护航。

8.2.3　丰富电竞内涵支撑,形成产业向善自觉

基于内容缺乏文化支撑、内容和设计存在文化歪曲现象、文化要素挖掘与传播不足等电竞文化内涵困境,本研究报告提出如下建议:

第一,培养电竞产业参与主体的向善文化自觉。电竞产业具有文化性、竞技性、虚拟性、大众性等基本特征,同时涵盖综合知识和符号知识的知识类型需求,可以依托数字化传播媒介实现教化功能。电竞企业应逐渐形成向善的文化自觉,将积极健康的价值观内化到电竞游戏中,影响产业受众的情感结构和文化结构,使以青少年为主的玩家和爱好者在潜移默化中接受文化熏染。

第二,激发电竞产业创新活力。激发电竞产业创新活力除了需要技术创新外,也需要内容创新,应避免千篇一律、粗制滥造的电竞游戏内容、场景设计、竞技规则,为上海市文化产业高质量发展注入新动能。技术创新需要科创人才,内容创新需要文化创意人才,需以人的创造力为核心,加强两类人才培育。例如通过大师工作室建设、社会培训机构开展文化创意类培训、文教结合等方式,支持文化创意人才队伍建设,加快培养产业发展紧缺的专业性实践型人才和管理类复合型人才,共同促进电竞文化内涵建设。

第三,挖掘并拓展电竞文化中的中国元素。习近平强调,提高国家文化软实力,"要努力传播当代中国价值观念""要努力展示中华文化独特魅力"①。电竞文化产业是体育文化、娱乐文化与数字科技跨领域融合的时代产物,发展电竞文化产业需要"科技+""文化+""体育+"三者相向而行、同频震动和协同创新。它不仅需要现代数字科技手段在市场拓展、受众对接等方面进行多维发力,更需要对中国优秀传统文化加以挖掘、提炼、阐释和创新。从全球尺度上看,应将电竞打造成更具时代特点和全球影响力的数字文化产品。与历史上曾经的文化产业形态不同,加入数字信息元素的文化产业可以展现出更为强大的跨国亲和力和感召力,使文化内涵、道德准则、价值追求等无形的文化软实力以"润物细无声"的方式融入全球文化市场,融入开放包容、共同繁荣的人类命运共同体。从城市尺度上看,通过文化产业数字化转型,能让上海市乃至长三角地区的红色文化、海派文化、江南文化焕发创新活力,进而更好地传承传统文化精髓、吸收世界文化精华、展现都市文化精彩。

8.2.4　打造产业时代特点,扩大电竞全球影响

文化既是国家和城市软实力的核心体现,也是其拓展价值辐射、扩大地区影响、延伸战略纵深的关键倚仗。新发展格局下中国企业不仅要将

---

① 习近平总书记在中共中央政治局第十二次集体学习时的重要讲话"建设社会主义文化强国,着力提高国家文化软实力"。

物质文化"走出去"，还要让博大精深的中华文化和中国精神"走出去"。电竞文化的"走出去"涵盖两方面，一是如何让融入中国文化与城市文化的电竞产品被世界认识，二是如何让世界接受和认可中国文化。前者需要我国电竞企业坚持创新在现代化建设全局中的核心地位，在电竞产业发展中把握新一轮科技革命和产业变革趋势。除了要在电竞产业关键核心技术突破上下更大功夫，抓"风口"、抓"自主"、抓"绿色"，抢占全球电竞产业链、电竞创新链、电竞价值链的制高点，也需要在科技转化和融合上寻找电竞产业高质量发展路径，打破产业、区域、部门、主体之间的创新合作障碍，基于政策博弈、相互配合、有序分工和协作管理，在全球区域间达成数字文化产业的合作协议、协作联盟、协同机制，高质量推进产业联动，跨界融合形成合力，开拓多方多尺度共赢的电竞产业发展路径。后者需要中国电竞企业克服由政治制度、意识形态、文化习俗、审美习惯差异引发的"水土不服"。中国电竞企业应坚持自身核心价值观念和逻辑框架，同时合理结合他国民众习惯的故事叙述与表达方式，正确融合中国文化理念和国外电竞范式，构建和营造共情式叙事的游戏模式，让电竞这个数字文化 IP 对"中国价值"内核实现准确表达和演绎。尤其在欧美发达国家文化产品市场需求日趋饱和且格局固化的今天，打造并出口具有中国特色和时代特点的电竞产品正当其时。

8.2.5　关注数字弱势群体，扩大电竞市场受众

如今电竞产业面临的"数字鸿沟"依然巨大，主要缘于"数字弱势群体"的知识断层和长期积累形成的电竞固有偏见。解决该类问题，可从以下方面着手：

第一，扩大游戏类型，吸引电竞受众。电竞在现有主流受众中已经产生"消费身份认同"和"熟人网络"，但受众过于集中，建议从故事题材、游戏场景、竞技方式、对战规则、语言风格等方面着手，研发、设计、出品适合更多受众类型的电竞游戏和电竞传播平台，让电子竞技成为更多受众的娱乐模式和社交方式。如在设计抗日战争、解放战争或抗美援朝为题材背景的电竞游戏时，应简化竞技规则，降低操作难度，旨在吸引中老年群

体；在构建单局竞技时长更短的 MOBA 类游戏时，可以吸引白领人群利用碎片化时间进行对战和娱乐等。

第二，"互联网＋"的持续推进和数字化转型的深化很大程度上颠覆了传统文化传播渠道，包括电视广播和报纸杂志在内的传统公众媒介逐渐被数字化终端替代，尤其是移动互联网终端已经成了社会公众接收媒体宣传的主要方式。面对电竞产业治理的文化包容困境，建议基于政府政策推动和媒体自身观念转变，积极调动公众媒介依托社会影响力和话语权优势，从更加客观和全面的视角报道电竞产业，减少固有印象和惯性偏见对宣传内容的影响。通过向公众展现电竞产业的真实全貌，弥合电竞受众中的断层，进而提升电竞在内的各项新兴文化产业发展，增强城市乃至国家的文化软实力。

第三，延伸电竞应用场景。电竞企业应加速融合电竞与包含 5G、AI、8K、VR、AR、大数据在内的各项数字技术，逐渐覆盖和扩展电竞应用场景。一部分企业已开始尝试构建三维的赛事场景、设置虚拟演播厅、为选手提供 AI 训练师、打造沉浸式体验设备等，旨在优化电竞体验、做强电竞品牌、扩充电竞人口、促进电竞发展，吸引更多潜在受众，进而驱动电竞产业数字化转型向更深层次迈进。值得单独提出的是，在"防沉迷"政策下，部分爱好电竞的青少年往往难以及时适应游戏时长和游戏时段的严格限制，转而去购买非手游或非网游类型的端游设备。在上海等经济发展领先城市的大中小学校园中，任天堂 SWITCH 等游戏便携设备普及度与日俱增，该现象不利于推进"防沉迷"政策，存在"国内手游市场缩水，境外端游销售激增"的商业风险，甚至因大量境外电竞游戏的文化输入引发青少年价值观偏差或扭曲，产生意识形态风险。

8.2.6　加强电竞科技研发，减少应用场景短板

前文对 5G、AI、VR、AR、大数据分析等创新科技在电竞赛事、电竞消费、电竞后台分析、电竞社交媒体等领域的场景展开探究，可知电竞产业与科创技术融合的应用存在技术、硬件、价格等多层面的不足，究其原因是因为电竞科技的发展速度跟不上电竞用户对电竞应用场景的美好期待

和真切需求。基于科技创新对电竞产业发展的驱动机理，科创技术水平是提升电竞产品价值和电竞服务水平的重要支撑，因此，包括电竞企业在内的电竞产业链各类组织应通过加大技术引进力度、电竞研发支出和人才培养投入。如通过加强云端算力并融合 5G 技术，进而提升电竞传播业态；提高 VR 硬件轻便性，进而提高电竞用户娱乐体能消耗；优化虚拟现实设备感观舒适性，进而减低电竞玩家的感观排斥；提高脸部识别等大数据的信息安全性，进而增强消费者的体验倾向；开发 AI 数据分析能力，进而制定更合理的竞技战术和训练方案；进一步降低 5G 资费，减少因流量成本造成的数字鸿沟和产品分层等。与此同时，区块链、元宇宙等新兴数字技术应用与电竞产业的融合已引起社会的关注，亟须电竞企业加速、加强创新技术的研发投入和研发转化，围绕数据驱动、算力驱动、场景驱动打造适合电竞产业高质量发展的科创驱动力，进而推动电竞产业的自身发展及产业融合，实现和满足更大规模目标用户对电竞产业日新月异的期待。

8.2.7　扩大数字科技应用，提升电竞用户黏性

电竞产业依托于游戏产业，融合了"泛娱乐"与"大体育"的行业属性，其和音乐、影视等泛娱乐产业的融合趋势日渐明显，传统领域的娱乐明星、体育明星开始以代言、直播、宣讲会等各类方式进驻电竞产业，扩大产业宣传营销的同时通过直播带货等方式带动了电竞周边产品的销售。本课题组认为，数字科技在电竞产业的应用不应局限于狭义的娱乐产业和体育产业，而应继续扩大应用面。如今，在"跨界联姻"的总体思路和技术驱动、文创支撑的布局下，打造电竞产业链条，实现电竞产业整体跨界与升级，淡化产业边界，赋予电竞产业与其他产业间更多互嵌的可能，联合教育产业、旅游产业甚至制造业、农业等传统产业，追求一、二、三产更大范围融合，打造"网红"式、自媒体式、镶嵌式等各种模式的电竞文创，通过科创技术推动电竞产品及服务的大众化和市场化，满足电竞消费的个性化和体验化，拓展电竞产业精品内容实现多元化衍生，通过更长、更宽、更深的产品组合和更富想象力与创造性的应用场景，持续提升电竞用户黏性和忠诚度。

8.2.8　健全电竞法律规制,降低文化传播风险

在规制层面,电竞产业作为新时代中的崭新业态,存在大量灰色地带,包括电竞大数据安全问题、电竞知识产权问题、电竞培训机构监管问题、电竞"行货""水货"市场监管问题、网吧网咖治理问题、增强现实电竞引发人身安全问题、电竞行业利益分配问题等,均有待法律法规更深入、更全面地完善。尤其是电竞直转播行业的监督监管工作亟须进一步关注,及时、正确应对新业态、新模式中的各类风险,以电竞直转播行业为切入点,踩准"五型经济"中"创新型经济"和"流量型经济"健康发展的关键点。具体来看,一是加快上海市电子竞技直转播知识产权立法进程。上海市作为"中国电竞之都",正在加快建设"全球电竞之都",在电竞产业相关法律建设方面应当走在前列,建设完善的法律法规,为电竞产业发展提供明确的规制依据。一方面,上海市相关立法部门要重视游戏画面、直转播游戏画面版权保护,完善《中华人民共和国著作权法》,将电子竞技直播、转播及录播画面纳入"视听作品"的保护范围内;另一方面,立法部门与监管部门要积极回应电子竞技直转播与视频的版权纠纷,并为行业发展提供更为明确的指导。同时,在立法时应当平衡游戏厂商、直播与视频平台、主播三方面利益,避免行业垄断以及其他扰乱电竞直转播行业有序竞争现象的出现。二是促进游戏直转播行业协会的建设。建议加快地方性乃至全国性游戏直转播行业协会的建设工作,并逐步引导游戏厂商、直播平台、主播等各类电竞直转播行业参与主体加入,接受其监督监管,促进行业自律。此外,通过协会常态化举办各种培训班和研讨交流活动,使各类参与主体深刻认识到自觉守法对其长期发展的重要性、必要性,使其牢固树立规范经营、诚信经营的思想,有效促进行业自律和维权意识。三是增强电竞直转播行业的文化内涵和价值引领。目前,上海市发布的《电子竞技直转播平台管理规范》主要针对主播的行为提供负面清单,但当前电竞直转播仍然存在文化内涵匮乏、价值错误引领等现象。建议加强对主播的文化培训和普法教育工作,强调电竞直转播内容对于体育精神以及其他优秀文化内涵的传播效用。

第 9 章
技术进步与电竞产业未来发展

　　课题组从电竞产业相关技术发展、电竞产业大数据分析、电竞场馆智慧化改造、人工智能与电子体育未来形态四个方面展开论述了技术进步与电竞未来发展,对电竞研究提出新的角度与思考。

9.1　电竞产业相关技术发展

　　我国信息网络基础设施建设加速,通信技术的创新推动了互联网游戏产业深度融合:国内虚拟运营商已经全面普及 4G 覆盖,智能移动终端设备升级换代,既为电竞用户提供了更宽松的体验环境,也为开发更多的人机交互、社交场景等娱乐功能及模式、增强电竞赛事播出画面表现力和丰富电竞内容带来更多机遇。目前我国的 5G 移动通信技术已经进入商用化阶段,这不仅进一步提升了我国人民物质精神生活水平,更是给电竞事业的发展提供了更多的可能性与方向,解锁了更多的场景以及更多的体验。伴随着 5G 性能的提升,VR、AR 等技术将会不断完善,扩大内容极致体验,从而提升电子竞技产业更深的沉浸度。与此同时,虚拟现实技术日益完善,教学中应用虚拟现实技术已成为趋势,VR、AR 及 MR 技术作为目前虚拟现实成像领域最前沿的技术,其于教育上的运用似乎已不再新鲜。探索技术创新对电竞发展的推动,学界主要集中于技术对内容传播方面的影响。

从传播活动的视角看,内容始终都是体育赛事传播最重要的一环。技术的变革为体育赛事内容的创新提供了可能。国内有学者认为,电竞产业是科技革命和产业变革诞生的体育新业态,推动了体育竞赛表演业的数字化改革。相较于 4G 时代,人类观看体育赛事实现了由电视到手机的跨越,近几年已经产生了 VR 融入体育赛事直播的概念,但似乎没有实现 VR 技术本身的真正意义——真实的操控感。也许在 5G 移动通信技术的支持下,体育赛事直播将满足 VR 技术的转播要求,届时观众只需戴上便携设备就能随时随地地获得亲临其境的观感。这能大大提升观众的参与感,降低体验成本,满足观众的多元需求。

9.2 电竞产业大数据分析

以电子设备为载体的电子竞技运动无时无刻不在产生着数据。无论是参与电子竞技运动的组织和个体行为数据,还是电竞产业相关的消费数据,都仍未被最大限度地开发利用。国内有学者认为,要进行电竞游戏的数据分析,掌握模型和方法论是关键。可以利用目前业界常借鉴的 AARRR 方法论,着眼于用户的生命周期,选择投入回报作为目标。不难发现,业界对于数据的使用范围仍集中于电子竞技运动产生的数据,学界对于电竞数据的利用也多停留在二手数据的个案分析。究其原因,可能在于电竞行业数据的封闭性、比赛数据的基础繁多、商业数据的难获取、俱乐部和选手等个体数据不透明等。反观传统体育,因其对大数据的重视,早已将数据运用至训练、教育、公共服务建设等惠民惠国的措施中。无论是针对电子竞技的游戏业务,还是电子竞技产业的商业化发展,数据分析都在关键节点上起到了桥梁的作用,可以提供有效的决策支持。而对于学界而言,利用文献计量学等利用数据的研究方法进行电子竞技的相关研究更有利于研究的创新与进一步深入。未来电竞市场对数据分析相关人群的需求将会越来越大,如何更好地获取数据、利用数据,链接数据、用户、市场,通过数据化运营发挥数据的真正价值,才是数据分析之目的。学界和业界在数据上若持有共获共享的开放思想,或许能在数据的获取、利用等环节有进一步创新，从而更好地服务电竞行业。

9.3　人工智能与电子体育未来形态

科技进步层出不穷，数字技术与实体经济的融合，势必催生新产业、新业态、新模式。数字经济为人工智能推动体育产业发展提供了时代背景，人工智能技术可以带动传统应用场景向数字化转型和智慧化改造。如数字感应技术可以实时感知人体运动的生物学信息，可以在大量数据基础上深入了解人体运动能耗规律，电子竞技运动员或将拥有更加科学的训练指导。同时，人工智能技术亦可为运动现实模拟系统提供支撑，如应用数字仿真技术虚拟训练等。除此之外，随着移动通信技术不断发展，各种智能设备的研发不断成熟，身体运动型视频游戏（Motion-Based Video Game）也逐步发展起来，或为未来电子竞技的主要载体。

国外学者也对电子竞技所搭载的虚拟空间进行了讨论。有学者认为，在不久的将来，体育社会学的未来研究必然要处理发生在虚拟空间中的体育。还有学者对电子竞技所天然打造出的跨文化国际虚拟社区进行了展开讨论。这都意味着随着底层技术的进步和基础设施的普及，电子体育的娱乐性可能会更高，体验也会更加愉悦。同时，可能会催生更健康的电子体育形态等一系列的改变。

体育电子游戏与真实的体育实践之间的互动影响打破了它们之间的界限，这并不令人惊讶。体育爱好者们通过体育电子游戏丰富自己的体育知识和体育信息，足球教育工作者能够借助电子游戏促进青少年足球运动的训练。不仅虚拟运动员与真实运动员之间的界线被模糊了，体育电子游戏与体育电视转播也越来越相似，体育电子游戏越来越像电视转播，而体育电视转播如美式橄榄球，也开始模仿游戏的镜头。事物之间的界限被打破了，真实的世界越来越向超真实的世界转变。

第 10 章
结束语

电竞作为互联网时代的新兴产业,毫无疑问是一颗冉冉升起的新星。电竞产业正在成为中国经济和上海经济的重要增长点,其发展仍有许多空间可以探索,前景是不可估量的。

当今,中国已成为世界上最大的电竞市场之一。时值杭州亚运会到来之际,拓宽电竞内容形态,打造中国特色的电竞文化,实现电竞文化输出,成为当下电竞比赛的重要使命。在此背景下,华东师范大学电竞产业发展研究中心近期的研究包括以下几个方面:

其一,电子游戏体育化改造研究。课题组就传统游戏如何电竞化、如何体育化开展调研,关注电竞运动中的体育精神、体育内涵、体育文化等问题,客观研讨电子游戏体育化问题,归纳电子游戏体育化改造的方式和路径,梳理其发展过程中的瓶颈和制约,总结并提出高效发展的措施。

其二,新技术环境下传统文化游戏化传播策略研究。课题组关注新技术环境下传统文化与数字游戏的融合共生,调研传统文化主题的数字游戏现状,归纳数字游戏赋能传统文化的传播范式,调研新生代数字原住民在传统文化传播角度的认知需求,设计和开发针对具体实例的数字游戏应用及传播策略,探讨游戏化策略对传统文化创造性转化、创新性发展的价值。

其三,基于社交媒体的电竞运动形象研究。课题组结合机器学习和计量因果推断等方法进行基于社交媒体数据(如微博)的实证研究,分析电竞爱好者人群画像、受众群体及行为习惯等,探索重大体育赛事对于电竞运动形象认知的影响。

其四,青少年数字娱乐产品消费行为研究。课题组梳理总结当前青少年数字娱乐产品的消费现状,归纳当前青少年数字娱乐产品的消费偏好,聚焦于特定群体,对青少年的数字娱乐产品消费动机和消费行为开展量化研究,分析其表现出的特点及其深层次原因。

其五,电竞文化对青少年发展的影响与引导策略研究。课题组对当前电竞发展中所形成的主要文化圈层进行调研,深入分析这些圈层的现状特征、发展规律、表现形式等,并在此基础上通过问卷调查、深度访谈等进一步分析当代青少年的电竞与媒介接触习惯,以及这些参与、接触和网络文化圈层对青少年成长发展的影响,并提出有针对性的引导策略。

电竞市场是动态发展的,外界影响因素也是动态发展的,甚至相关的政策都是动态发展的。因此,对于本研究报告来讲,最大的挑战是动态。但读者想必会感到惊讶,"动态"本身不就是世界的常态么?这有何稀奇?的确,几乎任何一个电竞产业的研究者都要面对不断变化的市场、政策,但一般来讲,这种动态性在一定时期内都存在相对稳定的特征。然而,在本研究报告开展期间,世界疫情形势不稳,国际环境变动不定,贸易战不断传来新的消息、转入新的阶段。在这样的前提下,我们必须提醒读者,本研究报告部分内容的研判是有其时效性的。也正因如此,电竞产业的相关研究具有与其他领域截然不同的逻辑与可能,而这也是其最大的魅力所在。

附 录

附录1 相关电竞专家、电竞俱乐部经理、 电竞选手访谈提纲

一、电竞专家访谈提纲

1. 近年来电竞行业飞速发展,尤其是 2020 年疫情防控期间电竞直播发展很快,请问您对于电竞行业未来发展的看法是什么呢?

2. 在电竞行业飞速发展的同时,您认为其人才需求是匹配的吗?

3. 您认为目前电竞选手的职业发展路径是否较为明确呢? 具体是怎么样的呢?

4. 目前选拔职业选手大多数是通过游戏寻访高段位玩家进入俱乐部培养的方式,您认为这种方式是可持续的吗?

5. 对职业选手的培养您认为最为可行的方式是什么呢?

6. 职业选手存在职业黄金时间,请问您对职业选手退役后的职业生涯规划有什么看法呢?

7. 能谈谈您对当前电竞人才培养体系的看法? 是否有不足之处? 您对电竞人才培养体系建设的建议是什么?

二、电竞选手访谈提纲

1. 能请问您现在多大了? 进俱乐部训练多久了?

2. 请问您参与了几场比赛? 感觉怎么样?

3. 您是怎么进的俱乐部？在进俱乐部之前您是做哪方面工作的？

4. 为什么会选择进入俱乐部训练呢？目前在俱乐部里您的训练安排大致是什么样的？

5. 您打算在俱乐部里待多久呢？之后俱乐部对您的安排是什么样的呢？

6. 您打算什么时候退休呢？您不做职业电竞了打算干什么呢？有之后的规划吗？

7. 您认为现在的培养体系对以后的工作有什么帮助吗？

8. 您对现在的培养体系满意吗？您希望的培养方式是什么，包括什么内容呢？

三、俱乐部经理访谈提纲

1. 请问您经营电竞俱乐部多久了？您的俱乐部中有多少选手，多少教练和其他人员呢？

2. 您的俱乐部的主要收入来源是什么呢？

3. 您是如何选拔这些人才进入俱乐部的呢？

4. 您对他们的培养方式是怎样的？

5. 您对俱乐部的未来发展规划是怎样的？

6. 据您了解，这些职业选手退役后一般都去干什么呢？

7. 俱乐部有与其他电竞机构或者大学合作培养选手或者进行行业人才培养研究吗？是怎样的模式？

8. 能谈谈您对当前电竞人才培养体系的看法吗？是否有不足之处？您对电竞人才培养体系建设的建议是什么？

附录 2　国际电竞人才高地初始评价指标体系专家咨询表

尊敬的专家：

您好！

非常感谢您在百忙之中抽出时间帮忙填写本问卷！

本调查主要是围绕世界电竞人才高地的评价研究展开，旨在针对本研究所构建的国际电竞人才高地初始评价指标体系向您咨询意见和建议，了解您对各项初始指标重要程度的判断，以实现对初始评价指标体系的筛选与修正。请您分别对指标重要性程度（1—完全不重要，2—基本不重要，3—不太重要，4—不确定，5—有些重要，6—比较重要，7—非常重要）以及易得性程度（1—易得，0—不易得）进行判断，并在相应的分值下面打"√"。本研究采用匿名咨询的方式，仅用于学术研究，您的选择对本研究非常重要。因此，诚请您根据自己的真实想法回答下列问题，再次由衷地感谢您的合作与支持！

系统层	要素层	序号	初 始 指 标 层	重要性程度							易得性	
				1	2	3	4	5	6	7	1	0
人才环境	经济环境	1	人均 GDP									
		2	人均可支配收入									
		3	从业人员平均年收入									
	政策环境	4	电竞产业政策科学完备性									
		5	电竞产业相关法律法规完善度									
		6	政府行政效率指数									
		7	政府知识版权保护度									

系统层	要素层	序号	初　始　指　标　层	重要性程度							易得性	
				1	2	3	4	5	6	7	1	0
人才环境	产业环境	8	电竞产业总收入									
		9	电竞产业总收入占城市 GDP 的比例									
		10	全球数字经济 100 强企业上榜数量									
		11	电竞企业国际化能力									
		12	电竞产业集中度									
	文化环境	13	电竞文化认可度									
		14	国际电竞赛事举办率									
		15	电竞俱乐部数量									
人才结构	数量	16	电竞产业从业人员数量									
	年龄	17	35 岁以下从业人员占比									
	专业分布	18	研发企业从业人员占比									
		19	赛事从业人员占比									
		20	运营从业人员占比									
人才素质	学历	21	获学士学位人员占从业人员总数的比例									
		22	留学归国人员占从业人员总数的比例									
		23	在校大学生参与电竞赛事的比例									
	能力	24	具有外语交流能力的人员总数（六级）									
		25	参加国际比赛并获奖的人员总数									
		26	参加国内比赛并获奖的人员总数									

系统层	要素层	序号	初 始 指 标 层	重要性程度							易得性	
				1	2	3	4	5	6	7	1	0
人才素质	创新力	27	行业专利申请数量									
		28	创新投入指数									
		29	创新产出指数									
人才开发	国内教育	30	高校电竞专业设置数量占全国该专业设置数的比例									
		31	电竞专业在校大学生数量									
	国际教育	32	电竞专业年出国留学生数									
		33	学习半年以上的电竞专业留学生数									
		34	专业人员年出国短期学习、考察数									
	职业培训	35	专业人员年培训率									
		36	获得国内专业资质证书人员数									
	中介机构	37	人才中介机构数									
		38	涉外人才中介机构数									
人才流动	开放广度	39	年进沪专业人员数									
		40	年离沪专业人员数									
		41	电竞从业人员外来人口占比									
		42	电竞从业人员外籍人口占比									
		43	电竞产业人才引进数量									
	开放深度	44	户籍获取难度									
		45	培训补贴									
		46	创业扶持									

指标阐释：

1. 人均 GDP（定量指标）：是指电竞产业所在城市的人均国内生产总值，用于衡量该城市的宏观经济状况。

2. 人均可支配收入（定量指标）：是指电竞产业所在城市的居民可用于自由支配的收入，用于衡量该城市居民的消费潜力。

3. 从业人员平均年收入（定量指标）：是指该城市电竞行业从业人员的平均年收入，用于衡量该城市电竞从业人员的收入状况。

4. 电竞产业政策科学完备性（定性指标）：是指该城市所出台的各项电竞产业政策是否科学可行、健全完善以及为产业发展营造良好政策环境的能力，用于考察电竞产业发展与产业管理的宏观政策环境。

5. 电竞产业相关法律法规完善度（定性指标）：是指该城市电竞产业发展所处的宏观法律环境以及产业法律体系的完善度，用于衡量政府在电竞产业管理以及法规制定等方面为产业营造良好环境的能力。

6. 政府行政效率指数（定性指标）：是指该城市政府所具备的政府决策能力、地方政府执行能力、公权廉洁管制力、公务员素质以及行政成本，用于衡量政府行政能力的高低及为电竞产业发展提供外部动力的能力。

7. 政府知识版权保护度（定性指标）：是指政府对电竞产品进行保护的力度，用于衡量该国从知识产权保护方面为电竞产业发展提供法律保障的能力。

8. 电竞产业总收入（定量指标）：是指该城市电竞产业一年的总收入，用于衡量其电竞产业的总量与规模。

9. 电竞产业总收入占城市 GDP 的比例（定量指标）：是指该城市电竞产业的总收入与城市 GDP 的比值，用于考察电竞产业对城市经济的影响程度和该产业的经营水平。

10. 全球电竞 100 强企业上榜数量（定量指标）：是指通过考察电竞企业的销售额、利润、资产以及市值，判断该城市在全球电竞 100 强企业中所占的数量，用于衡量该城市电竞企业的发展规模。

11. 电竞企业国际化能力（定性指标）：是指该城市电竞企业通过产品贸易和对外投资的方式向国际市场输出电竞产品和服务，并积极吸收和转化国际先进经验的能力,既包括电竞企业的扩张能力,也包括电竞企业的引进吸收能力。电竞企业的国际化能力越高,企业越能够在国际范围内促进生产要素的流动与合理配置,则企业的国际形象就会越好,国际竞争力就会越强。

12. 电竞产业集中度(定量指标):是指市场上少数几家电竞企业在产量、销量、市场规模等方面对电竞产业的支配程度,用于反映该城市电竞产业在市场上的地位高低、规模经济水平以及对市场支配能力的强弱。本研究用该城市排名前四的电竞企业产值规模占整个产业产值规模总量的百分比来表示。

13. 电竞文化认可度(定性指标):是指该城市居民对电竞产业的认知度和接受度。

14. 国际电竞赛事举办率(定量指标):是指该城市一定时期内举办的国际电竞赛事占同期所有国际赛事的比例。

15. 电竞俱乐部数量(定量指标):是指该城市电竞俱乐部的数量,用于衡量该城市的营商软环境的状况。

16. 电竞产业从业人员数量(定量指标):是指该城市从事电竞产业经营的人员总和,直接反映了该城市电竞人才的总体规模。

17. 35 岁以下从业人员占比(定量指标):是指该城市电竞从业人员中 35 岁以下的人员数量占电竞从业人员总数的比例,考察其人才队伍的年龄结构状况。通常情况下占比越大,其结构越趋于良性。

18. 研发企业从业人员占比(定量指标):是指该城市研发型电竞企业从业人员数量占电竞从业人员总数的比例,研发企业居于电竞产业链的上游,其从业人员的规模和水平和所在城市电竞产业的定位关系密切,也影响到该城市在全球电竞产业网络中的地位和作用。

19. 赛事从业人员占比(定量指标):是指该城市以电竞赛事为主营业务的企业从业人员占电竞从业人员总数的比例,电竞赛事尤其是高水平的国际赛事的营销和推广作用极其重要,专业的电竞赛事从业人员的数量和规模可以考察该城市电竞人才队伍的结构状况。

20. 运营从业人员占比(定量指标):是指该城市从事电竞运营业务

的人员数量占电竞从业人员总数的比例。

21. 获学士学位人员占从业人员总数的比例（定量指标）：是指该城市获得学士学位的电竞从业人员数量占电竞产业从业人员总量的比例，用以衡量该城市电竞产业从业人员的素质和发展潜力。

22. 留学归国人员占从业人员总数的比例（定量指标）：是指该城市留学归国人员数量占电竞产业从业人员总量的比例，用以衡量该城市电竞产业从业人员的国际化水平与对外交流的能力。

23. 在校大学生参与电竞赛事的比例（定量指标）：是指该城市在校大学生参与电竞赛事的人员数量占总体参赛者的比例，用以衡量该城市电竞产业人才储备的情况。

24. 具有外语交流能力的人员总数（六级以上）（定量指标）：是指该城市电竞产业从业人员通过大学英语考试六级的人员数量，用以衡量该城市电竞产业从业人员的语言能力。

25. 参加国际比赛并获奖的人员总数（定量指标）：是指获得国际三大比赛及亚运会比赛项目奖项的人员总数量，用以考察该城市电竞人才队伍的竞争力。

26. 参加国内比赛并获奖的人员总数（定量指标）：是指获得全国高水平电竞比赛的前三名奖项的人员总数量，用以考察该城市电竞人才队伍的竞争力。

27. 行业专利申请数量（定量指标）：是指该城市电竞产业相关的技术发明申请专利的数量，包括居民申请专利数量和非居民专利申请数量两部分，用于侧面衡量该城市电竞从业人员的创新能力。

28. 创新投入指数（定性指标）：是指该城市电竞产业通过创新的人力财力投入情况、企业创新主体中发挥关键作用的部门（即研发机构）建设情况以及创新主体的合作情况来反映行业创新体系中各主体作用和关系的量化指标。

29. 创新产出指数（定性指标）：是指该城市电竞行业通过论文、专利、商标、技术成果成交额反映创新中间产出结果的量化指标。

30. 高校电竞专业设置数量占全国该专业设置数的比例（定量指标）：

是指该城市所有高校设置的电竞专业数量与全国高校设置的电竞专业数量之比。

31. 电竞专业在校大学生数量(定量指标)：是指该城市高校设置的电竞专业招收的在校大学生的数量。

32. 电竞专业年出国留学生数(定量指标)：是指该城市每年出国去学习电竞专业的学生数量。

33. 学习半年以上的电竞专业留学生数(定量指标)：是指该城市出国学习电竞专业达半年以上的学生数量。

34. 专业人员年出国短期学习、考察数(定量指标)：是指该城市出国六个月以内进行学习、考察的电竞从业人员数量。

35. 专业人员年培训率(定量指标)：是指该城市电竞从业人员每年参与培训的人员数量与总数之比。

36. 获得国内专业资质证书人员数(定量指标)：是指该城市获得电子竞技运动员、电子竞技裁判员和电竞竞技解说员的人员数量。

37. 人才中介机构数(定量指标)：是指该城市从事国内人才服务的中介机构的总体数量，用以衡量人才市场的健康状况。

38. 涉外人才中介机构数(定量指标)：是指该城市从事涉外人才服务的中介机构的总体数量，用以衡量人才市场的健康状况。

39. 年进沪专业人员数(定量指标)：是指每年进入该城市从事电竞行业工作的人员总数。

40. 年离沪专业人员数(定量指标)：是指每年离开该城市的电竞从业人员的总数。

41. 电竞从业人员外来人口占比(定量指标)：是指该城市电竞从业人员中非本市户籍人口数与总人口数的比值。

42. 电竞从业人员外籍人口占比(定量指标)：是指该城市电竞从业人员中外籍人口数与总人口数的比值。

43. 电竞产业人才引进数量(定量指标)：是指该城市电竞从业人员中作为人才引进的人员数量。

44. 户籍获取难度(定性指标)：是指外来人口获得该城市户籍的难

易程度。

45. 培训补贴（定量指标）：是指该城市电竞从业人员能够获取政府培训补贴的额度。

46. 创业扶持（定性指标）：是指该城市对创业人员给予的扶持力度，包括减税返税政策、降低工商登记条件等。

附录3　电竞文化对青少年价值观影响问卷调查

第_____号

亲爱的朋友：

您好！我们正在进行一项有关电竞文化对青少年价值观影响机制研究的调查。您是我们随机抽取的调查对象之一，您的真实作答对于我们的研究结果有十分重要的意义。本问卷实行匿名制，所得数据只用于统计分析，答案没有对错之分。我们承诺将会对您的信息进行严格保密，希望您按照实际情况，放心作答。非常感谢您的支持与合作！

华东师范大学"电竞文化对青少年价值观影响机制研究"课题组

2021 年 11 月

_____

填写说明：若无特殊说明，请在每个题目的答案选项中选择一个您最认同的答案，在相应选项位置打"√"或直接填于_____处。

一、背景资料

1. 您的年龄是

A. 16～18 周岁（不含 18 周岁）

B. 18～24 周岁（不含 24 周岁）

C. 24 周岁及以上

2. 您的性别是_____

A. 男　　　　　　　　　　　B. 女

3. 您是_____（单选）

A. 电竞爱好者　　　　　　　B. 电竞职业选手

C. 电竞相关从业者　　　　　D. 电子游戏爱好者

4. 您目前的就学阶段是_____（单选）

A. 中学生　　　B. 大学生　　　C. 非学生

二、问卷正文

5. 您是否接触过电子竞技_____(单选)

A. 是　　　　　　　　　　　B. 否

6. 您认为电子竞技和电子游戏是否有区别_____(单选)

A. 是　　　　　　　　　　　B. 否

7. 您知道以下哪些电竞赛事?_____(可多选)

A. 王者荣耀(KPL)职业联赛

B. 英雄联盟(LPL)职业联赛

C. 和平精英(PEL)职业联赛

D. 第五人格(IVL)职业联赛

E. DOTA2 职业巡回赛—中国联赛

F. 中国电子竞技娱乐大赛(CEST)

G. 电竞上海大师赛

H. 其他_____(请填写)

I. 以上都不知道

8. 您是否了解电子竞技已纳入 2022 年杭州亚运会正式项目?

A. 了解　　　　　　　　B. 不了解

9. 您接触电子竞技多长时间了_____(单选)

A. 不到 1 年　　　　　　　B. 1~3 年

C. 3~5 年　　　　　　　　D. 5~10 年

E. 10 年以上

10. 您每天参与电竞(含游戏)的时长是_____(单选)

A. 不到 1 小时　B. 1~2 小时　　C. 2~4 小时　　D. 4 小时以上

11. 您通常通过哪些渠道接触电子竞技_____(可多选)

A. 线下电竞比赛

B. 手机端或电脑端电子竞技

C. 粉丝群(亚文化社群)

D. 网络平台广告

E. 电竞文创产品

F. 影视剧

G. 其他_____（请填写）

12. 你选择电子竞技的主要原因是_____（可多选）

A. 个人爱好

B. 扩大社交范围

C. 玩游戏过程中感到愉快

D. 放松身心、释放压力

E. 追求比赛竞技获胜的成就感

F. 喜欢公平竞争等游戏规则

G. 从事电竞产业相关工作

H. 其他_____（请填写）

13. 目前为止,您在游戏充值了多少钱_____（单选）

A. 从不花钱 　　　　　　　B. 微氪玩家,100 元以内

C. 小氪玩家,100~500 元 　　D. 中氪金玩家,501~5 000 元

E. 重氪玩家,5 000 元以上

14. 下列陈述与您自身的相符程度［矩阵量表题］

	十分符合	较为符合	基本符合	不太符合	完全不符合
您在游戏中的消费是有节制的	○	○	○	○	○
您在游戏中消费时会考虑性价比	○	○	○	○	○

15. 下列陈述与您自身的相符程度［矩阵量表题］

	十分符合	较为符合	基本符合	不太符合	完全不符合
您认同通过金钱等额外手段提升等级等行为	○	○	○	○	○

	十分符合	较为符合	基本符合	不太符合	完全不符合
您认同故意认输等方式快速完成任务等行为	○	○	○	○	○

16. 下列陈述与您自身的相符程度[矩阵量表题]

	十分符合	较为符合	基本符合	不太符合	完全不符合
您认为电竞明星是值得尊敬和崇拜的	○	○	○	○	○
您认为从事电竞产业工作能带来成就感	○	○	○	○	○

17. 下列陈述与您自身的相符程度[矩阵量表题]

	十分符合	较为符合	基本符合	不太符合	完全不符合
您会因为团队作战而特别努力	○	○	○	○	○
您遇到不公平竞技的情况会主动反馈	○	○	○	○	○

18. 下列陈述与您自身的相符程度[矩阵量表题]

	十分符合	较为符合	基本符合	不太符合	完全不符合
您赞同电竞比赛中遵守规则是重要的	○	○	○	○	○
您赞同电竞需要积极健康的网络环境	○	○	○	○	○

19. 您认为电竞游戏可以从哪些方面对青少年产生正面影响？（可多选）

A. 适当加入优秀传统文化元素

B. 尽量减少暴力元素或血腥场面的使用

C. 分年龄段设置游戏时长

D. 监督游戏界面聊天内容

E. 设置合理的氪金模式

F. 其他＿＿＿＿＿（请填写）

20. 您认为电竞偶像（或职业选手）可以从哪些方面对青少年产生正面影响？（可多选）

A. 通过他们日常社交平台的动态更新

B. 通过媒体对他们进行采访、报道

C. 邀请他们担任电竞宣传大使，提高电竞社会认可度

D. 参与公益活动，传播电竞文化

E. 其他＿＿＿＿＿（请填写）

21. 您认为电竞和游戏的粉丝群可以从哪些方面对青少年产生正面影响？（可多选）

A. 定期开展积极向上的粉丝活动

B. 规范主播守则和粉丝群规则

C. 加大对粉丝群主和相关管理者（如 KOL）的引导和教育

D. 加大对电竞倡导的平等和竞争精神的宣传

E. 其他＿＿＿＿＿（请填写）

22. 您认为电竞周边产品可以从哪些方面对青少年产生正面影响？

A. 加强电竞题材的影视剧的人文关怀

B. 根据电竞产品开发文创作品，与优秀传统文化 IP 合作

C. 通过电竞活动宣扬正确的游戏规则

D. 加强对直播行业的良好互动与引导

E. 其他＿＿＿＿＿（请填写）

23. 您认为可以通过以下哪些群体对电竞发展进行监督和引导？（可多选）

A. 电竞企业自身

B. 电竞行业协会

C. 国家和地方的法律、法规和制度

D. 政府相关部门(文化部门、教育部门、市场监管部门等)

E. 学校教师等

F. 社会全体成员自觉督促

G. 其他_____(请填写)

24. 总体上您认为,电竞对青少年的影响为:(正数为利大于弊,负数为弊大于利)

−5	−4	−3	−2	−1	0	1	2	3	4	5

25. 您对于利用电竞文化引导青少年价值观,有何建议?

_____(请填写)

参考文献

［1］Crawford G，Gosling V K. More Than a Game：Sports-Themed Video Games and Player Narratives[J]. Sociology of Sport Journal，2010，26(1)：50－66.

［2］Hamari J Sjblom M. What Is eSports and Why Do People Watch It? [J]. Social Science Electronic Publishing，2017，27(2)：211－232.

［3］Karhulahti，Veli-Matti. Reconsidering Esport：Economics and Executive Ownership[J]. Physical Culture and Sport. Studies and Research，2017，74(1)：43－53.

［4］Young K S. Internet addiction：The emergence of a new clinical disorder[J]. Cyber Psychologyand Behavior，1996，1(3)：237－244.

［5］巢乃鹏,马晓菲.自我的分裂：角色扮演网络游戏青少年玩家的自我认同研究[J].新闻大学,2016(02)：107－114＋152.

［6］陈晨,尹兆友,师喜俊.我国电子竞技选手的退役及再就业问题研究[J].当代体育科技,2019,9(14)：223－224＋227.

［7］陈佳慧,李勇图.生态系统理论视角下青少年网络成瘾问题的社会工作介入[J].河北青年管理干部学院学报,2017,29(03)：23－25.

［8］戴伏英.网络和计算机游戏成瘾的预防[J].中国学校卫生,2005,26(7)：584.

［9］戴焱淼.电竞简史——从游戏到体育［M］.上海：上海人民出版社，2019.

［10］董浩.电子竞技文化对大学生价值观教育的影响及对策［J］.长江工程职业技术学院学报，2019，36（004）：49-51.

［11］冯子宁，陈俊青.5G移动通信技术在体育事业应用的可能性探究［J］.当代体育科技，2020，324（30）：191-193.

［12］盖华聪，程云波.体育教育对青少年网络成瘾干预的可行性分析［J］.鲁东大学学报（哲学社会科学版），2007，24（1）：116-118.

［13］高萍，王楠.媒介融合环境下国家领导人形象塑造——以习近平为例［J］.阴山学刊（社会科学版），2017（1）：5-9.

［14］侯顺.中国网络影视产业研究［D］.武汉：华中师范大学，2019.

［15］胡健.数字体育背景下电子竞技运动的发展现状与趋势［J］.成都体育学院学报，2004，30（3）：18-21.

［16］胡疆锋.亚文化的风格：抵抗与收编［D］.北京：首都师范大学，2007.

［17］姜乾金.医学心理学［M］.北京：人民卫生出版社，2003：130-133.

［18］黎宝珍，邱潇娴，谢惠思，等.健康管理对非酒精性脂肪肝患者血脂和尿酸的影响［J］.广西中医药大学学报，2019，22（02）：83-85.

［19］李大伟，鞠增平.我国电竞产业发展中的"文化堕距"问题探讨［J］.中州大学学报，2019，36（04）：33-39.

［20］李鼎.传播心理学视域下的"电竞陪玩"现象——以"比心"为例［J］.新闻前哨，2019，000（009）：104-105.

［21］李洁，袁建华.电子竞技游戏对新时代大学生的影响与对策研究［J］.邵伯学院学报（社会科学版），2018，17（05）：66-71.

［22］李木.网络游戏对大学生人格的影响及对策研究［D］.长春：东北师范大学，2008.

［23］李宗浩，王健，李柏.电子竞技运动的概念、分类及其发展脉络研究［J］.天津体育学院学报，2004（01）：1-3.

［24］梁强.产业融合背景下我国电子竞技产业成长路径分析［J］.天津体育学院学报，2010，25（04）：304-307.

［25］梁枢,黄念南.韩国优势与我国电子竞技产业后发追赶战略研究
　　　［J］.山东体育学院学报,2020,36(04):9-18.

［26］刘芳露,董胤佳,刘芳琳,等.开展健康管理对亚健康人群的影响及意
　　　义［J］.成都医学院学报,2020,15(01):120-123.

［27］刘刚,王清明.国内外电子竞技运动产业化的比较［J］.体育成人教育
　　　学刊,2008(02):6-8.

［28］刘建银.互联网成瘾症研究的新进展［J］.社会心理研究,2001(1):
　　　21-24.

［29］刘志国,宫彩燕,郭兆霞.社会责任视角下电子竞技负功能应对:以
　　　青少年为例［J］.体育与科学,2021,42(02):64-69.

［30］刘忠祺.网络文化对大学生价值观的影响及教育对策研究［J］.中北
　　　大学学报(社会科学版),2018(04):56-57.

［31］卢元镇.中国体育社会学［J］.北京体育大学学报,1996(1):1-5.

［32］吕姿之.健康教育与健康促进［M］.北京:北京医科大学出版社,
　　　2002:199.

［33］马中红,陈霖.无法忽视的另一种力量:新媒介与青年亚文化研究
　　　［M］.北京:清华大学出版社,2015.

［34］马中红,刘泽宇.“玩”出来的新职业——国内电子竞技职业发展考察
　　　［J］.中国青年研究,2020(11):20-28.

［35］彭文娟.北京市昌平区职业人群中慢性病高危人群健康管理调查评
　　　价［J］.中国卫生检验杂志,2019,29(13):1643-1646+1649.

［36］邵培仁,张梦晗.全媒体时代政治传播的现实特征与基本转向［J］.探
　　　索与争鸣,2015(2):57-60.

［37］师英杰,刘然.新发展阶段实施文化产业数字化战略探究［J］.治理现
　　　代化研究,2021(5):65-74.

［38］石晋阳,张义兵.论电子竞技的教育价值——兼为被“妖魔化”的电子
　　　游戏正名［J］.学习教育,2004(12):1-5.

［39］宋利.融媒体时代微视频在新闻传播中的特征与影响分析——以杭
　　　州G20峰会报道中的“杭+”视频为例［J］.影视传媒,2017(3):159.

[40] 陶然,李邦合.网络成瘾治疗单元的概述[J].中国流行病杂志,2005,26(8)：558.

[41] 滕召军.暴力电子游戏对青少年道德认知的影响[D].重庆：西南大学,2018.

[42] 铁钰,赵传飞.中国电子竞技产业研究[J].体育文化导刊,2017(07)：100－104.

[43] 童隆.电子竞技飞速发展影响下的青年择业[J].人民论坛,2020(3)：120－121.

[44] 王德海.电子竞技运动损伤的调查与研究[J].内江科技,2021,42(03)：121－122.

[45] 王研,赵旭江.游戏设计中的用户体验影响探析注——以"英雄联盟"为例[J].视觉传达,2014(02)：118－119.

[46] 王嵛.运动健康管理商业模式构建研究[D].石家庄：河北师范大学,2018.

[47] 魏华,周宗奎,鲍娜,高洁.游戏角色依恋问卷在中国大学生中的适用性研究[J].中国临床心理学杂志,2012(5)：597－599.

[48] 吴金明,邵昶.产业链形成机制研究——"4＋4＋4"模型[J].中国工业经济,2006(04)：36－43.

[49] 吴芮.我国电子竞技发展现状及问题研究[D].西安：陕西师范大学,2019.

[50] 武玫.新时代青少年电子竞技发展研究[J].青少年体育,2020(04)：82＋79.

[51] 闫金.公共健康视角下的电子竞技发展趋势研究[J].山东体育科技,2020,42(01)：11－15.

[52] 易剑东.中国电子竞技十大问题辨识[J].体育学研究,2018,1(04)：31－50.

[53] 于安龙,刘文佳.微文化对大学生社会主义核心价值观教育的影响及对策[J].中国青年研究,2014(11)：107－111.

[54] 余千春.高校体育课开设电子竞技项目的可行性研究[J].北京体育

大学学报,2007(S1)：426－427.

[55] 岳志刚,王进忠.电子竞技对大学生身心健康积极影响的实证研究
[J].沈阳体育学院学报,2012,31(06)：62－64.

[56] 张爱华,祝迪.《英雄联盟》的多元化模式与网游发展前景[J].科技传
播(下),2014(01)：157－158.

[57] 张安,施榕,汪铭涵.上海市社区卫生服务发展回顾与展望[J].上海
预防医学,2020,32(06)：451－455.

[58] 张青方.青少年心理社会发展与其父母教养方式的相关研究[J].青
年研究,1998(05)：2－12.

[59] 赵建伟,康就升,焦彩丽.大学生虚拟游戏沉溺现象的生成、影响和德
育应对策略研究[J].武汉理工大学学报,2012(3)：41－44.

[60] 赵雨萌.青少年网络游戏成瘾问题的个案工作研究[D].呼和浩特：
内蒙古师范大学,2020.

[61] 中国互联网络信息中心.中国网络游戏市场研究报告[R].北京：中
国互联网络信息中心,2009：67.

[62] 中华人民共和国人力资源和社会保障部.新职业——电子竞技员就业
景气现状分析报[EB/OL].http://www.mohrss.gov.cn/SYrlzyhshbzb/
dongtaixinwen/buneiyaowen/201906/t20190628_321882.html,2019－
06－28/2021－04－16.

[63] 周弘伟.社会冲突视角下我国电子竞技发展研究[D].太原：中北大
学,2020.

[64] 周灵.电子竞技数据分析模型解析[J].电子世界,2018,000(007)：
104－105.

[65] 周轶.青少年网络游戏偏差行为现状及教育对策研究[D].重庆：重
庆师范大学,2013.

[66] 朱平华.医联体框架下广西三级综合医院健康管理服务能力评价及
模式优化研究[D].桂林：广西医科大学,2019.